해커스 주택관리사

주택관리사 1위 해커스
한경비즈니스 선정 2020 한국품질만족도 교육(온·오프라인 주택관리사) 부문 1위 해커스

해커스 주택관리사 1차 기출문제집 회계원리

기출유형특강 단과강의 20% 할인쿠폰

B445AC729FCE53KB

해커스 주택관리사 사이트(house.Hackers.com)에 접속 후 로그인
▶ [나의 강의실 – 결제관리 – 쿠폰 확인] ▶ 본 쿠폰에 기재된 쿠폰번호 입력

1. 본 쿠폰은 해커스 주택관리사 동영상 강의 사이트 내 2026년도 기출유형특강 단과강의 결제 시 사용 가능합니다.
2. 본 쿠폰은 1회에 한해 등록 가능하며, 다른 할인수단과 중복 사용 불가합니다.
3. 쿠폰사용기한 : **2026년 12월 31일**(등록 후 7일 동안 사용가능)

무료 온라인 전국 실전모의고사 응시방법

해커스 주택관리사 사이트(house.Hackers.com)에 접속 후 로그인
▶ [수강신청 – 전국 실전모의고사] ▶ 무료 온라인 모의고사 신청

* 기타 쿠폰 사용과 관련된 문의는 해커스 주택관리사 동영상강의 고객센터(1588-2332)로 연락하여 주시기 바랍니다.

해커스 주택관리사 인터넷 강의 & 직영학원

인터넷 강의
1588-2332
house.Hackers.com

강남학원
02-597-9000
2호선 강남역 9번 출구

[강남서초교육지원청 제10319호 해커스 공인중개사·주택관리사학원] | 교습과목, 교습비 등 자세한 내용은 https://house.hackers.com/gangnam/에서 확인하실 수 있습니다.

house.Hackers.com

해커스 주택관리사

주택관리사 1위 해커스
한경비즈니스 선정 2020 한국품질만족도 교육(온·오프라인 주택관리사) 부문 1위 해커스

수많은 합격생들이 증명하는
해커스 스타 교수진

관리실무	관계법규	관계법규	회계원리	민법	민법	시설개론	시설개론	회계원리	관리실무
김성환	한종민	조민수	강양구	민희열	정동섭	이강일	김건일	서상호	노병귀

합격생 송*섭 님

주택관리사를 준비하시는 분들은 해커스 인강과 함께 하면 반드시 합격합니다.
작년에 시험을 준비할 때 타사로 시작했는데 강의 내용이 어려워서 지인 추천을
받아 해커스 인강으로 바꾸고 합격했습니다. 해커스 교수님들은 모두 강의 실력이
1타 수준이기에 해커스로 시작하시는 것을 강력히 추천합니다.

합격생 송*성 님

해커스를 통해 공인중개사 합격 후, 주택관리사에도 도전하여 합격했습니다.
환급반을 선택한 게 동기부여가 되었고, 1년 만에 동차합격과 함께 환급도 받았습니다.
해커스 커리큘럼을 충실하게 따라서 공부하니 동차합격할 수 있었고,
다른 분들도 해커스커리큘럼만 따라 학습하시면 충분히 합격할 수 있을 거라
생각합니다.

1588.2332　　　　house.Hackers.com

해커스 주택관리사

주택관리사 1위 해커스
한경비즈니스 선정 2020 한국품질만족도 교육(온·오프라인 주택관리사) 부문 1위 해커스

오직, 해커스 회원에게만 제공되는
6가지 무료혜택!

전과목 강의 0원

스타 교수진의 최신강의
100% 무료 수강
* 7일간 제공

합격에 꼭 필요한 교재 무료배포

최종합격에 꼭 필요한
다양한 무료배포 이벤트
* 비매품

기출문제 해설특강

시험 전 반드시 봐야 할
기출문제 해설강의 무료

온라인 전국모의고사 8회분 무료
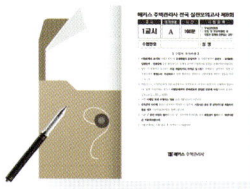
실전모의고사 8회와
해설강의까지 무료 제공

개정법령 업데이트 서비스

계속되는 법령 개정도
끝까지 책임지는 해커스!

무료 합격전략 설명회

한 번에 합격을 위한
해커스의 합격노하우 무료 공개

주택관리사 1위 해커스
지금 무료가입하고 이 모든 혜택 받기

1588.2332　　　house.Hackers.com

해커스 주택관리사 기출문제집

1차 회계원리

강양구

약력
- 현 | 해커스 주택관리사학원 회계원리 대표강사
  해커스 주택관리사 회계원리 동영상강의 대표강사
- 전 | 7급 세무직 회계학, 주택관리사 회계원리, 감정평가사 회계학 강사 역임
  박문각, 메가랜드, 새롬, EBS 공인중개사 강사 역임

저서
감정평가사 회계학, 한국고시회, 2001
주택관리사 회계원리, 한국고시회, 2000
공무원 회계학, 서울고시각, 2000
주택관리사 1차 기초입문서(회계원리), 해커스패스, 2025~2026
주택관리사 1차 회계원리 기본서, 해커스패스, 2025~2026
주택관리사 1차 회계원리 핵심요약집, 해커스패스, 2025~2026
주택관리사 1차 회계원리 기출문제집, 해커스패스, 2025~2026
주택관리사 1차 회계원리 출제예상문제집, 해커스패스, 2025

2026 해커스 주택관리사 1차 기출문제집
회계원리

초판 1쇄 발행	2026년 1월 5일
지은이	강양구, 해커스 주택관리사시험 연구소
펴낸곳	해커스패스
펴낸이	해커스 주택관리사 출판팀
주소	서울시 강남구 강남대로 428 해커스 주택관리사
고객센터	1588-2332
교재 관련 문의	house@pass.com
	해커스 주택관리사 사이트(house.Hackers.com) 1:1 수강생 상담
학원/동영상강의	house.Hackers.com
ISBN	979-11-7404-686-4 (13320)
Serial Number	01-01-01

저작권자 ⓒ 2026, 해커스 주택관리사
이 책의 모든 내용, 이미지, 디자인, 편집형태는 저작권법에 의해 보호받고 있습니다.
서면에 의한 저자와 출판사의 허락 없이 내용의 일부 혹은 전부를 인용, 발췌하거나 복제, 배포할 수 없습니다.

주택관리사 시험 전문,
해커스 주택관리사 house.Hackers.com
해커스 주택관리사

- 해커스 주택관리사학원 및 인터넷강의
- 해커스 주택관리사 무료 온라인 전국 실전모의고사
- 해커스 주택관리사 무료 학습자료 및 필수 합격정보 제공
- 해커스 주택관리사 동영상 기출유형특강 단과강의 20% 할인쿠폰 수록

합격을 이끄는 명쾌한 비법,
필수 기출문제와 풍부한 해설을 한 번에!

주택관리사(보) 시험을 준비하는 수험생에게 합격으로 가는 가장 확실한 길은 실제 출제경향을 정확히 파악하는 것이며, 그 출발점은 다름 아닌 기출문제입니다. 기출문제에 대한 철저한 분석만이 출제자의 의도를 읽어내고, 가장 효율적인 학습 전략과 계획을 수립할 수 있는 나침반이 되어줄 것입니다.

주택관리사(보) 시험 특성상 이미 기출되었던 논점이 동일하게 혹은 변형되어 반복출제되는 경향이 강하므로 처음 시험을 준비하는 수험생에게 기출문제는 최고의 학습 가이드 역할을 하며, 시험을 마무리하는 단계에서는 가장 효과적인 최종 점검 자료가 됩니다.

본 해커스 주택관리사(보) 기출문제집은 이러한 수험생들의 욕구를 완벽하게 충족시키기 위해 기획되었습니다. 최근 출제된 모든 문제를 철저히 분석하여 수험 적합성이 높은 상세한 해설을 제시하였으며, 문제풀이를 넘어 관련 핵심내용까지 빈틈없이 정리하여 전략적인 학습이 가능하도록 구성하였습니다.

수험생 여러분의 단기 합격을 목표로 본 교재는 다음과 같은 세 가지 핵심 가치에 주안점을 두고 집필하였습니다.

1 최신 경향 반영: 최근 7개년 기출문제 중 출제 가능성이 높은 문제를 엄선하여 수록하였습니다.

2 맞춤형 학습전략 제시: 편별 출제비중 및 장별 기출문제 수를 직관적인 그래프로 제시하여 출제 경향을 한눈에 파악할 수 있도록 돕고, 이에 기반한 맞춤형 학습방향과 수험 대책을 수립할 수 있도록 하였습니다.

3 난이도별 입체적 대비: 문제별 난이도(상·중·하)를 명확히 표시하여 수험생 스스로 취약한 부분을 확인하고 난이도에 따른 입체적인 학습 대비가 가능하도록 구성하였습니다.

더불어, 주택관리사(보) 시험 전문 **해커스 주택관리사(house.Hackers.com)**에서 제공하는 학원 강의나 인터넷 동영상 강의를 본 교재와 병행하여 꾸준히 학습한다면, 그 학습효과를 극대화하여 합격에 더욱 빠르게 다가설 수 있을 것입니다.

해커스 주택관리사(보) 기출문제집을 선택한 모든 수험생 여러분에게 본 교재가 합격을 향한 가장 믿음직한 동반자가 되어주기를 기원하며, 영광스러운 합격의 순간이 함께하기를 응원합니다.

2025년 11월
강양구, 해커스 주택관리사시험 연구소

이 책의 차례

학습플랜	5
이 책의 구성	6
주택관리사(보) 안내	8
주택관리사(보) 시험안내	10
출제경향분석	12

제1편 재무회계

제 1 장	회계원리	16
제 2 장	재무보고를 위한 개념체계	29
제 3 장	재무제표 표시	34
제 4 장	금융자산 Ⅰ	40
제 5 장	금융자산 Ⅱ	55
제 6 장	재고자산	62
제 7 장	유형자산	80
제 8 장	무형자산	93
제 9 장	투자부동산	96
제10장	부채	99
제11장	자본	107
제12장	수익과 비용	112
제13장	회계변경과 오류수정	116
제14장	현금흐름표	118
제15장	재무제표 분석	122

제2편 원가 · 관리회계

제1장	원가	130
제2장	제품별 원가계산	140
제3장	원가의 추정과 원가 · 조업도 · 이익분석 (CVP분석)	149
제4장	전부원가계산과 변동원가계산	157
제5장	표준원가계산	161
제6장	특수의사결정회계	166

학습플랜

4주 완성 학습플랜

- 한 과목씩 집중적으로 공부하고 싶은 수험생에게 추천합니다.
- 7일마다 한 과목씩 회독하고 마지막 4주째에는 전체 과목을 한 번 더 회독할 수 있어 4주 동안 2회독을 할 수 있는 플랜입니다.
- 4주 마지막 주에는 과목별 취약 파트를 중점적으로 학습해 주세요.

구분	월	화	수	목	금	토	일
[1주] 회계원리	1편 1장~3장	1편 4장~5장	1편 6장	1편 7장~9장	1편 10장~14장	1편 15장~ 2편 2장	2편 3장~6장
[2주] 시설개론	1편 1장~3장	1편 4장~5장	1편 6장~9장	1편 10장~11장	2편 1장~3장	2편 4장~8장	2편 9장~10장
[3주] 민법	1편 1장~ 3장 26번	1편 3장 27번~4장	1편 5장 1번~40번	1편 5장 41번~7장	2편 1장~4장	2편 5장~ 3편 5장	4편
[4주] 1차 과목	회계원리	회계원리	시설개론	시설개론	민법	민법	약점과목

7일 완성 학습플랜

- 시험 직전 반복적으로 회독하고 싶은 수험생에게 추천합니다.
- 각 차수별로 7일 동안에 1회독하는 방법으로 요약집의 모든 내용을 꼼꼼하게 회독하는 것이 아닌 자주 틀리는 파트, 정확하게 이해하지 못하고 있는 파트를 중심으로 학습해주세요.

구분	월	화	수	목	금	토	일
[7일]	회계원리	회계원리	시설개론	시설개론	민법	민법	약점파트

학습플랜 이용 Tip

- 본인의 학습 진도와 상황에 따라 적합한 학습플랜을 선택한 후, 매일·매주 단위의 학습량을 학습합니다.
- 목표한 분량을 완료한 후에는 전체 학습진도를 스스로 점검합니다.

이 책의 구성

교재 미리보기

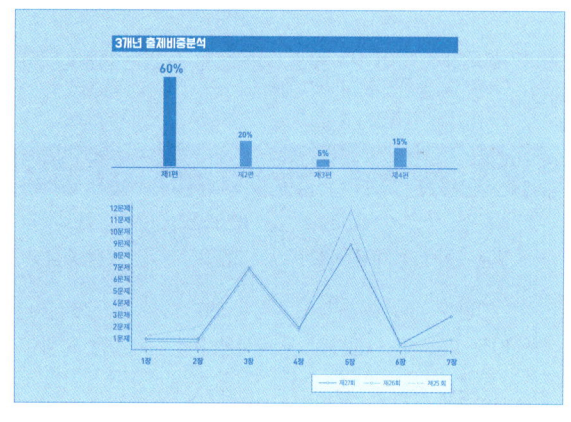

출제비중분석

최근 3개년의 편별 출제비중 및 장별 기출문제 수를 그래프로 제시하여 본격적으로 문제풀이를 시작하기 전에 해당 편·장의 중요도를 한눈에 확인할 수 있도록 구성하였습니다.

필수 기출문제

- 7개년 기출문제 중 출제가능성이 높은 문제를 엄선하여 수록하였고, 수험생들의 학습 편의성을 고려하여 문제에 최신 개정 법령을 반영하였습니다.
- 본인의 학습 수준에 맞는 문제를 선택하여 풀어볼 수 있도록 문제별로 난이도를 표시하였고, 반복학습이 중요한 기출문제의 특성을 고려하여 회독표시를 할 수 있도록 구성하였습니다.

풍부한 톺아보기

- 톺아보기란 '샅샅이 더듬어 뒤지면서 찾아보다'라는 순우리말로 단순히 정답과 해설만 제시하는 것이 아닌, 기출문제를 깊이 있게 이해할 수 있도록 학습에 도움이 되는 자세하고 풍부한 해설을 제공하였습니다.
- 톺아보기 코너 중 '더 알아보기'에서 관련 내용의 추가 설명 및 표를 활용하여 다양한 요소로 학습의 이해도를 높일 수 있도록 구성하였고, 주요 지문에 ★ 표시를 하여 전략적으로 시험에 대비할 수 있도록 하였습니다.

교재 활용비법

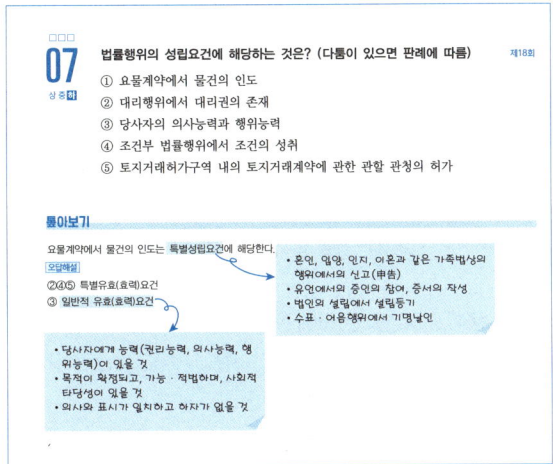

합격으로 이끄는 나만의 맞춤 교재 만들기

한 걸음
난이도 하~중의 문제를 중심으로 풀이하고 톺아보기를 확인하는 과정을 통하여 자신의 실력이 어느 정도인지를 파악합니다.

두 걸음
실력을 보강하기 위하여 추가 학습할 부분은 기본서에서 꼼꼼히 확인하고 필요한 내용을 메모하여 학습의 기반을 다집니다.

세 걸음
난이도 상의 문제를 풀어보는 것을 통하여 향상된 실력을 확인하고, 문제풀이를 반복적으로 진행하여 실전에 대비합니다.

주택관리사(보) 안내

주택관리사(보)의 정의

주택관리사(보)는 공동주택을 안전하고 효율적으로 관리하고 공동주택 입주자의 권익을 보호하기 위하여 운영·관리·유지·보수 등을 실시하고 이에 필요한 경비를 관리하며, 공동주택의 공용부분과 공동소유인 부대시설 및 복리시설의 유지·관리 및 안전관리 업무를 수행하기 위하여 주택관리사(보) 자격시험에 합격한 자를 말합니다.

주택관리사의 정의

주택관리사는 주택관리사(보) 자격시험에 합격한 자로서, 다음의 어느 하나에 해당하는 경력을 갖춘 자로 합니다.

① 사업계획승인을 받아 건설한 50세대 이상 500세대 미만의 공동주택(「건축법」 제11조에 따른 건축허가를 받아 주택과 주택 외의 시설을 동일 건축물로 건축한 건축물 중 주택이 50세대 이상 300세대 미만인 건축물을 포함)의 관리사무소장으로 근무한 경력이 3년 이상인 자
② 사업계획승인을 받아 건설한 50세대 이상의 공동주택(「건축법」 제11조에 따른 건축허가를 받아 주택과 주택 외의 시설을 동일 건축물로 건축한 건축물 중 주택이 50세대 이상 300세대 미만인 건축물을 포함)의 관리사무소 직원(경비원, 청소원, 소독원은 제외) 또는 주택관리업자의 직원으로 주택관리 업무에 종사한 경력이 5년 이상인 자
③ 한국토지주택공사 또는 지방공사의 직원으로 주택관리 업무에 종사한 경력이 5년 이상인 자
④ 공무원으로 주택 관련 지도·감독 및 인·허가 업무 등에 종사한 경력이 5년 이상인 자
⑤ 공동주택관리와 관련된 단체의 임직원으로 주택 관련 업무에 종사한 경력이 5년 이상인 자
⑥ ①~⑤의 경력을 합산한 기간이 5년 이상인 자

주택관리사 전망과 진로

주택관리사는 공동주택의 관리·운영·행정을 담당하는 부동산 경영관리분야의 최고 책임자로서 계획적인 주택관리의 필요성이 높아지고, 주택의 형태 또한 공동주택이 증가하고 있는 추세로 볼 때 업무의 전문성이 높은 주택관리사 자격의 중요성이 높아지고 있습니다.
300세대 이상이거나 승강기 설치 또는 중앙난방방식의 150세대 이상 공동주택은 반드시 주택관리사 또는 주택관리사(보)를 채용하도록 의무화하는 제도가 생기면서 주택관리사(보)의 자격을 획득 시 안정적으로 취업이 가능하며, 주택관리시장이 확대됨에 따라 공동주택관리업체 등을 설립·운영할 수도 있고, 주택관리법인에 참여하는 등 다양한 분야로의 진출이 가능합니다.
공무원이나 한국토지주택공사, SH공사 등에 근무하는 직원 및 각 주택건설업체에서 근무하는 직원의 경우 주택관리사(보) 자격증을 획득하게 되면 이에 상응하는 자격수당을 지급받게 되며, 승진에 있어서도 높은 고과점수를 받을 수 있습니다.
정부의 신주택정책으로 주택의 관리측면이 중요한 부분으로 부각되고 있는 실정이므로, 앞으로 주택관리사의 역할은 더욱 중요해질 것입니다.

① 공동주택, 아파트 관리소장으로 진출
② 아파트 단지 관리사무소의 행정관리자로 취업
③ 주택관리업 등록업체에 진출
④ 주택관리법인 참여
⑤ 주택건설업체의 관리부 또는 행정관리자로 참여
⑥ 한국토지주택공사, 지방공사의 중견 간부사원으로 취업
⑦ 주택관리 전문 공무원으로 진출

주택관리사의 업무

구분	분야	주요업무
행정관리업무	회계관리	예산편성 및 집행결산, 금전출납, 관리비 산정 및 징수, 공과금 납부, 회계상의 기록유지, 물품구입, 세무에 관한 업무
	사무관리	문서의 작성과 보관에 관한 업무
	인사관리	행정인력 및 기술인력의 채용·훈련·보상·통솔·감독에 관한 업무
	입주자관리	입주자들의 요구·희망사항의 파악 및 해결, 입주자의 실태파악, 입주자 간의 친목 및 유대 강화에 관한 업무
	홍보관리	회보발간 등에 관한 업무
	복지시설관리	노인정·놀이터 관리 및 청소·경비 등에 관한 업무
	대외업무	관리·감독관청 및 관련 기관과의 업무협조 관련 업무
기술관리업무	환경관리	조경사업, 청소관리, 위생관리, 방역사업, 수질관리에 관한 업무
	건물관리	건물의 유지·보수·개선관리로 주택의 가치를 유지하여 입주자의 재산을 보호하는 업무
	안전관리	건축물설비 또는 작업에서의 재해방지조치 및 응급조치, 안전장치 및 보호구설비, 소화설비, 유해방지시설의 정기점검, 안전교육, 피난훈련, 소방·보안경비 등에 관한 업무
	설비관리	전기설비, 난방설비, 급·배수설비, 위생설비, 가스설비, 승강기설비 등의 관리에 관한 업무

주택관리사(보) 시험안내

응시자격

1. **응시자격**: 연령, 학력, 경력, 성별, 지역 등에 제한이 없습니다.
2. **결격사유**: 시험시행일 현재 다음 중 어느 하나에 해당하는 사람은 주택관리사 등이 될 수 없으며, 그 자격이 상실됩니다.
   - 피성년후견인 또는 피한정후견인
   - 파산선고를 받은 사람으로서 복권되지 아니한 사람
   - 금고 이상의 실형을 선고받고 그 집행이 끝나거나(집행이 끝난 것으로 보는 경우 포함) 집행이 면제된 날부터 2년이 지나지 아니한 사람
   - 금고 이상의 형의 집행유예를 선고받고 그 유예기간 중에 있는 사람
   - 주택관리사 등의 자격이 취소된 후 3년이 지나지 아니한 사람
3. 주택관리사(보) 자격시험에 있어서 부정한 행위를 한 응시자는 그 시험을 무효로 하고, 당해 시험시행일로부터 5년간 시험 응시자격을 정지합니다.

시험과목

구분	시험과목	시험범위
1차 (3과목)	회계원리	세부과목 구분 없이 출제
	공동주택시설개론	• 목구조 · 특수구조를 제외한 일반 건축구조와 철골구조, 장기수선계획 수립 등을 위한 건축적산 • 홈네트워크를 포함한 건축설비개론
	민법	• 총칙 • 물권, 채권 중 총칙 · 계약총칙 · 매매 · 임대차 · 도급 · 위임 · 부당이득 · 불법행위
2차 (2과목)	주택관리관계법규	다음의 법률 중 주택관리에 관련되는 규정 「주택법」, 「공동주택관리법」, 「민간임대주택에 관한 특별법」, 「공공주택 특별법」, 「건축법」, 「소방기본법」, 「소방시설 설치 및 관리에 관한 법률」, 「화재의 예방 및 안전관리에 관한 법률」, 「승강기 안전관리법」, 「전기사업법」, 「시설물의 안전 및 유지관리에 관한 특별법」, 「도시 및 주거환경정비법」, 「도시재정비 촉진을 위한 특별법」, 「집합건물의 소유 및 관리에 관한 법률」
	공동주택관리실무	시설관리, 환경관리, 공동주택 회계관리, 입주자관리, 공동주거관리이론, 대외업무, 사무 · 인사관리, 안전 · 방재관리 및 리모델링, 공동주택 하자관리(보수공사 포함) 등

*시험과 관련하여 법률 · 회계처리기준 등을 적용하여 정답을 구하여야 하는 문제는 시험시행일 현재 시행 중인 법령 등을 적용하여 그 정답을 구하여야 함
*회계처리 등과 관련된 시험문제는 한국채택국제회계기준(K-IFRS)을 적용하여 출제됨

시험시간 및 시험방법

구분		시험과목 수	입실시간	시험시간	문제형식
1차 시험	1교시	2과목(과목당 40문제)	09:00까지	09:30~11:10(100분)	객관식 5지 택일형
	2교시	1과목(과목당 40문제)		11:40~12:30(50분)	
2차 시험		2과목(과목당 40문제)	09:00까지	09:30~11:10(100분)	객관식 5지 택일형 (과목당 24문제) 및 주관식 단답형 (과목당 16문제)

* 주관식 문제 괄호당 부분점수제 도입
  1문제당 2.5점 배점으로 괄호당 아래와 같이 부분점수로 산정함
  • 3괄호: 3개 정답(2.5점), 2개 정답(1.5점), 1개 정답(0.5점)
  • 2괄호: 2개 정답(2.5점), 1개 정답(1점)
  • 1괄호: 1개 정답(2.5점)

원서접수방법

1. 한국산업인력공단 큐넷 주택관리사(보) 홈페이지(www.Q-Net.or.kr/site/housing)에 접속하여 소정의 절차를 거쳐 원서를 접수합니다.
2. 원서접수 시 최근 6개월 이내에 촬영한 탈모 상반신 사진을 파일(JPG 파일, 150픽셀×200픽셀)로 첨부하여 인터넷 회원가입 후 접수합니다.
3. 응시수수료는 1차 21,000원, 2차 14,000원(제28회 시험 기준)이며, 전자결제(신용카드, 계좌이체, 가상계좌) 방법을 이용하여 납부합니다.

합격자 결정방법

1. **제1차 시험**: 과목당 100점을 만점으로 하여 모든 과목 40점 이상이고, 전 과목 평균 60점 이상의 득점을 한 사람을 합격자로 합니다.
2. **제2차 시험**
   • 1차 시험과 동일하나, 모든 과목 40점 이상이고 전 과목 평균 60점 이상의 득점을 한 사람의 수가 선발예정인원에 미달하는 경우 모든 과목 40점 이상을 득점한 사람을 합격자로 합니다.
   • 2차 시험 합격자 결정 시 동점자로 인하여 선발예정인원을 초과하는 경우 그 동점자 모두를 합격자로 결정하고, 동점자의 점수는 소수점 둘째 자리까지만 계산하며 반올림은 하지 않습니다.

최종합격자 발표

시험시행일로부터 1차 약 1달 후, 2차 약 2달 후 한국산업인력공단 큐넷 주택관리사(보) 홈페이지(www.Q-Net.or.kr/site/housing)에서 확인 가능합니다.

출제경향분석

제28회 시험 총평

제28회 주택관리사 회계원리 시험은 전 범위에서 기존 출제비율과 유사하게 고르게 출제되었으며, 제27회 시험과 비교하여 전반적으로 다소 수월한 난이도를 보였습니다. 그러나 일부 높은 수준의 응용력과 문제해결 능력을 요구하는 문항이 포함되어 수험생들이 체감한 난이도는 실제보다 높았을 것으로 분석됩니다.

출제경향을 살펴보면, 전체 40문제 중 재무회계가 32문제(80%), 원가회계가 8문제(20%)로 구성되었습니다. 재무회계에서는 22문제가 계산문제, 10문제가 이론문제였고, 원가회계에서는 7문제가 계산문제, 1문제가 이론문제로 출제되었습니다. 특히 재고자산, 유형자산, 금융자산, 사채, 현금흐름표 등 회계의 전통적인 핵심 영역에서 다수의 문제가 출제되어 수험생들의 기본기를 점검하는 형태였습니다.

이번 시험에서 원가회계는 매우 평이하게 출제되어 이 부분을 포기하지 않은 수험생들에게는 전략적인 득점영역이 되었습니다. 전체적으로 계산문제의 비중이 72.5%로 매우 높았기 때문에, 신속하고 정확한 계산능력이 합격의 핵심 요소로 작용했을 것입니다.

7개년 출제경향분석

단원구분		제22회	제23회	제24회	제25회	제26회	제27회	제28회	계	비율(%)
재무회계	회계원리	5	4	4	5	4	2	5	29	10.35
	재무보고를 위한 개념체계	1	2	2	2	3	2	2	14	5
	재무제표 표시		3	3	1	2	3	2	14	5
	금융자산 I	5	4	4	3	2	3	2	23	8.22
	금융자산 II	2	1	1	2	2	2	2	12	4.27
	재고자산	4	4	5	5	4	4	4	30	10.71
	유형자산	6	4	4	3	4	3	4	28	10
	무형자산	1	1	1			1		4	1.42
	투자부동산	2			1	1	1	1	6	2.14
	부채	2	2	3	1	3	3	3	17	6.07
	자본	2	2	1	4	2	2	2	15	5.35
	수익과 비용		2	1	2	2	2	2	11	3.92
	회계변경과 오류수정	1		1					2	0.71
	현금흐름표		1	2	2	1	2	1	9	3.33
	재무제표 분석	1	2		1	2	2	2	10	3.57
원가·관리회계	원가	1	2	1	2	2	2	2	12	4.27
	제품별 원가계산	1	1	2	1	1	1	1	8	2.85
	원가의 추정과 원가·조업도·이익분석(CVP분석)	3	2	2	2	1	1	1	12	4.27
	전부원가계산과 변동원가계산			1	1	1	1	1	5	1.78
	표준원가계산	1	1	1	1	1	1	1	7	2.5
	특수의사결정회계	2	2	1	1	2	2	2	12	4.27
총계		40	40	40	40	40	40	40	280	100

7개년 평균 편별 출제비중 * 총문제 수: 40문제

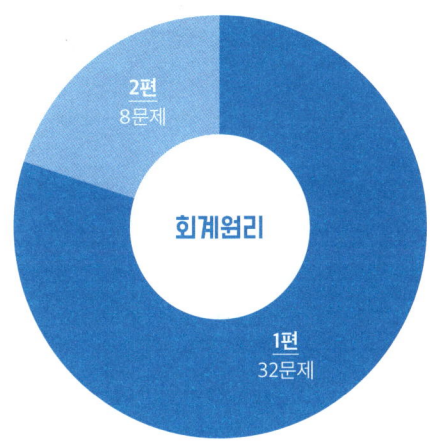

2편 8문제
회계원리
1편 32문제

제29회 수험대책

1편

재무회계 시험의 난이도가 연도별로 차이가 존재함에도 불구하고, 꾸준히 반복적으로 출제되는 핵심 유형이 있다는 점은 수험전략 수립에 있어 가장 중요한 기준이 됩니다. 따라서 수험생은 반복 출제되는 기본형 패턴을 완벽하게 숙달하는 것을 학습의 최우선 목표로 설정해야 합니다.

1. 학습의 우선순위 설정 및 집중 투자 전략

   가장 먼저, 학습시간의 상당 부분을 '회계순환과정', '자산'(특히 금융자산, 재고자산, 유형자산), '부채'(특히 사채), '자본'(특히 자본총계 등의 변화, 주당순이익), '수익과 비용'(특히 건설계약), '재무제표를 위한 개념체계', '재무제표 표시'에 집중적으로 투자합니다. 이 단원들은 단순히 기본 이론을 이해하는 것을 넘어, 관련된 모든 기본 유형을 제한 시간 내에 정확히 풀 수 있도록 숙달해야 합니다.

2. 기출 패턴 익히기와 자동화된 풀이과정 구축

   응용문제가 일부 출제될 수 있지만 대부분의 문제는 자주 접한 기본형 문제들이므로 최근 5~7개년의 기출문제를 분석하여 반복 출제되는 유형을 명확히 식별하고, 이를 집중적으로 반복 연습하는 것이 가장 효과적인 학습방법입니다. 이 단계에서는 정확성과 속도를 동시에 끌어올리는 것을 목표로 문제와 풀이 과정이 거의 자동화될 수 있도록 연습하여, 실제 시험장에서 문제인식과 동시에 풀이방향이 설정되도록 훈련해야 합니다.

결론적으로 재무회계 수험대책의 핵심은 고난도 응용문제에 대한 과도한 집착을 지양하고, 반복 출제되는 기본 유형의 완벽한 숙달과 이를 제한시간 내에 정확하게 풀어낼 수 있는 계산능력을 확보하는 것이 필요합니다.

2편

원가·관리회계의 출제경향은 제품원가계산과 의사결정회계 각 파트에서 1문제씩 꾸준히 출제되고 있습니다.

1. 전략적 선택의 필요성

   원가·관리회계는 8문항이 출제되는데, 모든 문항을 완벽하게 맞추기보다는 자신 있는 파트를 정하여 8문제 중 최소 4~5문제는 확실히 득점할 수 있도록 목표를 설정하고 준비하는 것이 효과적입니다.

2. 안정적인 출제유형에 집중

   원가흐름, 종합원가계산, 원가배분, CVP분석, 표준원가 차이분석, 단기적 특수의사결정, 예산 등은 매년 꾸준히 출제되는 유형이므로 철저한 학습이 요구됩니다.

house.Hackers.com
2026 해커스 주택관리사(보) **기출문제집**

3개년 출제비중분석

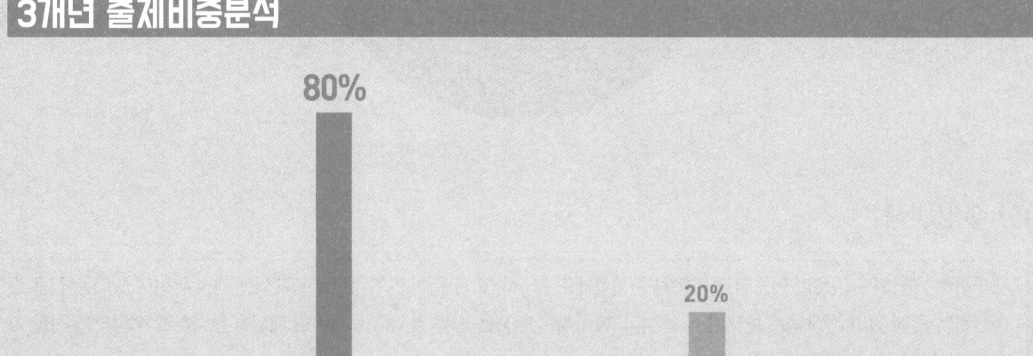

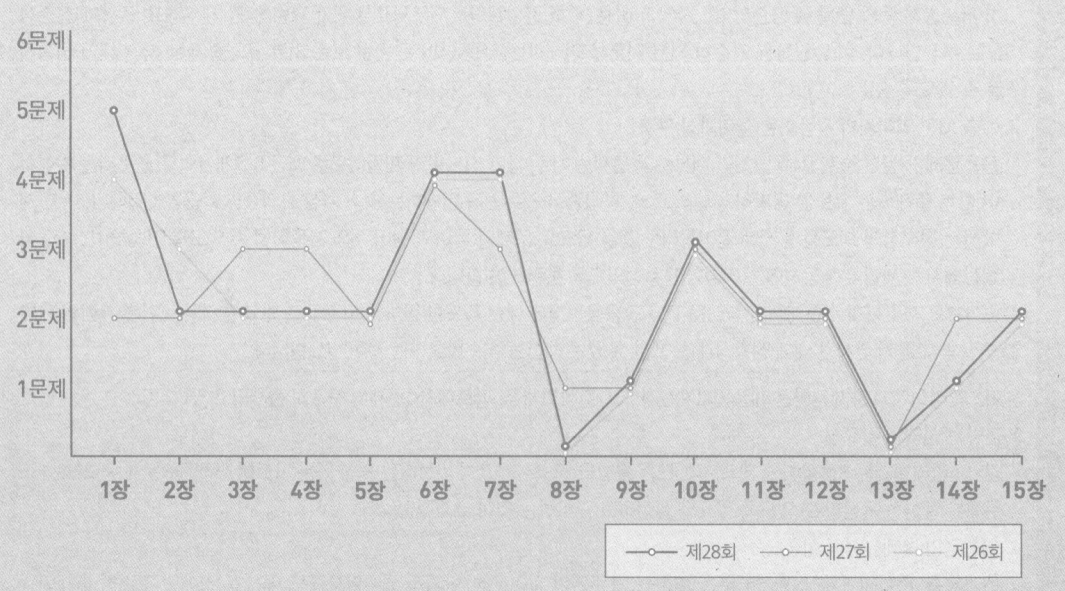

제1편

재무회계

제1장 회계원리
제2장 재무보고를 위한 개념체계
제3장 재무제표 표시
제4장 금융자산 I
제5장 금융자산 II
제6장 재고자산
제7장 유형자산
제8장 무형자산
제9장 투자부동산
제10장 부채
제11장 자본
제12장 수익과 비용
제13장 회계변경과 오류수정
제14장 현금흐름표
제15장 재무제표 분석

제1장 / 회계원리

기본서 p.20~61

01

다음 각 설명에 해당하는 감사의견은? 제24회

> (가) 한국채택국제회계기준을 위배한 정도가 커서 재무제표가 중대한 영향을 받았을 때 표명된다.
> (나) 재무제표에 대한 감사범위가 부분적으로 제한되었거나 또는 재무제표가 한국채택국제회계기준을 부분적으로 위배하여 작성된 경우에 표명된다.

	(가)	(나)		(가)	(나)
①	적정의견	한정의견	②	한정의견	부적정의견
③	한정의견	의견거절	④	부적정의견	한정의견
⑤	부적정의견	의견거절			

톺아보기

★ 한국채택국제회계기준의 위배정도가 매우 중요한 경우의 감사의견은 부적정의견이고, 재무제표에 표시된 일부 재무정보가 한국채택국제회계기준을 준거하지 않았거나, 감사의견을 형성하는 데 필요한 합리적인 증거를 얻지 못했다고 판단되는 경우는 한정의견에 해당된다.

02 외부회계감사에 관한 설명으로 옳지 않은 것은? 제25회

① 감사의 목적은 의도된 재무제표 이용자의 신뢰수준을 향상시키는 데 있다.
② 감사인이 충분하고 적합한 감사증거를 입수한 결과, 왜곡표시가 재무제표에 중요하나 전반적이지는 않으면 한정의견이 표명된다.
③ 회계감사를 수행하는 감사인은 감사대상 재무제표를 작성하는 기업이나 경영자와 독립적이어야 한다.
④ 재무제표가 중요성 관점에서 일반적으로 인정된 회계기준에 따라 작성되었다고 판단되면 적정의견이 표명된다.
⑤ 감사대상 재무제표는 기업의 경영진이 감사인의 도움 없이 작성하는 것이 원칙이나, 주석 작성은 감사인의 도움을 받을 수 있다.

톺아보기

★ ⑤ 주석은 전체 재무제표에 해당되므로 주석의 작성 또한 감사인의 도움을 받을 수 없다.
★ ① 외부감사는 외부감사인이 회사가 제시한 재무제표가 일정한 회계기준에 따라 적정하게 작성되었는지를 확인하는 절차이다.
★ ② 외부감사인은 감사가 종료된 후 재무제표에 감사의견(적정의견, 한정의견, 부적정의견, 의견거절)을 표명한다.
★ ③ 외부감사는 독립적인 제3자가 검토해야 하며, 해당 감사인은 감사대상 재무제표를 작성하는 기업이나 경영자와 독립적이어야 한다.
★ ④ 적정의견은 회사의 재무제표상의 숫자에 대한 신뢰를 검증한 것으로, 재산상태나 경영의 성과에 대한 건전성을 입증해주는 것은 아니다.

정답 | 01 ④   02 ⑤

03 외부감사인이 다음과 같이 결론을 내리는 경우 한정의견에 해당하는 것을 모두 고른 것은?

제28회

㉠ 감사인이 충분하고 적합한 감사증거를 입수한 결과, 왜곡표시가 재무제표에 개별적으로 또는 집합적으로 중요하나 전반적이지는 않다고 결론을 내리는 경우
㉡ 감사인이 충분하고 적합한 감사증거를 입수한 결과, 왜곡표시가 재무제표에 개별적으로 또는 집합적으로 중요하며 동시에 전반적이라고 결론을 내리는 경우
㉢ 감사인이 감사의견의 근거가 되는 충분하고 적합한 감사증거를 입수할 수 없었지만, 발견되지 아니한 왜곡표시가 재무제표에 미칠 수 있는 영향이 중요할 수는 있으나 전반적이지는 않을 것으로 결론을 내리는 경우
㉣ 감사인이 감사의견의 근거가 되는 충분하고 적합한 감사증거를 입수할 수 없으며, 발견되지 아니한 왜곡표시가 있을 경우 이것이 재무제표에 미칠 수 있는 영향이 중요하고 동시에 전반적일 수 있다고 결론을 내리는 경우

① ㉠, ㉡　　　　　　② ㉠, ㉢
③ ㉠, ㉣　　　　　　④ ㉡, ㉣
⑤ ㉢, ㉣

톺아보기

㉠ **한정의견**
감사인이 충분한 감사증거를 확보했고, 발견된 왜곡표시가 중요하지만 재무제표 전반에 영향을 미치지는 않는 경우이다. 이때 감사인은 해당 왜곡표시 사항을 제외하고는 재무제표가 적정하게 작성되었다는 의미로 한정의견을 표명한다.

㉡ **부적정의견**
감사인이 충분한 감사증거를 확보한 결과, 발견된 왜곡표시가 중요하고 동시에 전반적이어서 재무제표 전체의 신뢰성을 심각하게 훼손한다고 판단하는 경우이다. 이는 재무제표가 완전히 잘못 작성되었다는 의미의 의견이다.

㉢ **한정의견**
감사인이 충분한 감사증거를 확보하지 못했고(감사범위 제한), 이로 인해 확인하지 못한 잠재적 왜곡표시가 중요할 수는 있지만 전반적이지는 않다고 판단될 때 표명한다. 즉, 특정 부분에 대한 증거 부족이 재무제표 전체에 대한 의견을 표명하는 데 장애가 될 정도는 아니라고 보는 것이다.

㉣ **의견거절**
감사인이 충분한 감사증거를 확보하지 못했으며(감사범위 제한), 그 영향이 중요하고 동시에 전반적이어서 재무제표 전체에 대한 의견을 형성하는 것 자체가 불가능하다고 판단하는 경우이다. 이는 감사인이 재무제표에 대해 어떠한 의견도 표명할 수 없음을 의미한다.

04

(주)한국의 20×1년 자료가 다음과 같을 때, 기말자본은? 제22회

• 기초자산	₩1,000,000	• 기초부채	₩700,000
• 현금배당	₩100,000	• 유상증자	₩500,000
• 총비용	₩1,000,000	• 총수익	₩900,000

① ₩800,000 ② ₩600,000
③ ₩500,000 ④ ₩300,000
⑤ ₩200,000

톺아보기

자본거래가 존재하는 경우 기말자본은 기초자본에 유상증자를 가산하고 당기순손익의 가감 및 현금배당을 차감한 금액으로 계산한다.

자본

현금배당	100,000	기초자본	300,000*
당기순손실	100,000	유상증자	500,000
기말자본	600,000		
	800,000		800,000

* ₩1,000,000 − ₩700,000 = ₩300,000

정답 | 03 ② 04 ②

05

(주)한국의 20×1년 초 자산과 부채는 각각 ₩500,000과 ₩300,000이었다. (주)한국의 20×1년도 총포괄이익이 ₩300,000이라면, 20×1년 말 재무상태표의 자본은?

제23회

① ₩100,000
② ₩200,000
③ ₩300,000
④ ₩400,000
⑤ ₩500,000

톺아보기

자본거래가 존재하지 않는 경우 기말자본은 기초자본과 총포괄이익(당기순이익 + 기타포괄이익)의 합계이다.

자본			
기말자본	500,000	기초자본	200,000*
		총포괄이익	300,000
	500,000		500,000

* 500,000 − 300,000 = 200,000

06

다음 자료를 이용하여 계산한 기초자산은?

제24회

• 기초부채	₩50,000	• 기말자산	₩100,000
• 기말부채	₩60,000	• 유상증자	₩10,000
• 현금배당	₩5,000	• 총포괄이익	₩20,000

① ₩55,000
② ₩65,000
③ ₩70,000
④ ₩75,000
⑤ ₩85,000

톺아보기

자본			
현금배당	5,000	기초자본	15,000
기말자본	40,000*	유상증자	10,000
		총포괄이익	20,000
	45,000		45,000

* 100,000 − 60,000 = 40,000
기초자산 = 기초부채 + 기초자본
   = ₩50,000 + ₩15,000
   = ₩65,000

07

(주)한국의 20×1년 자료가 다음과 같을 때, 20×1년 기말자본은? (단, 20×1년에 자본거래는 없다고 가정한다) 제25회

- 기초자산(20×1년 초) ₩300,000
- 기초부채(20×1년 초) ₩200,000
- 총수익(20×1년) ₩600,000
- 총비용(20×1년) ₩400,000

① ₩100,000
② ₩200,000
③ ₩300,000
④ ₩400,000
⑤ ₩500,000

톺아보기

자본거래가 존재하지 않는 경우 기말자본은 기초자본에서 당기순이익(총수익 − 총비용)만큼 증가한다.

자본			
기말자본	300,000	기초자본	100,000
		당기순이익	200,000
	300,000		300,000

정답 | 05 ⑤ 06 ② 07 ③

08 회계상 거래에 해당하는 것을 모두 고른 것은? 제28회

㉠ 종업원을 채용하기로 계약하고 급여를 ₩5,000으로 책정하였다.
㉡ 거래처로부터 상품을 ₩10,000에 매입하기로 계약하였다.
㉢ 사무실을 임차하기로 계약하고 보증금 ₩30,000을 지급하였다.
㉣ 상품을 ₩20,000에 판매하였으나 그 대금은 나중에 받기로 하였다.

① ㉠, ㉡   ② ㉠, ㉢
③ ㉡, ㉢   ④ ㉡, ㉣
⑤ ㉢, ㉣

톺아보기

어떤 사건이 회계상 거래로 인정받기 위해서는 재무상태의 변동, 즉 자산, 부채, 자본 중 하나 이상에 변화를 일으키고 화폐 금액으로 측정할 수 있어야 한다. 따라서 ㉢과 ㉣은 회계상 거래에 해당한다.

09 자본을 증가시키는 거래는? 제23회

① 고객에게 용역을 제공하고 수익을 인식하였다.
② 주식배당을 결의하였다.
③ 유통 중인 자기회사의 주식을 취득하였다.
④ 소모품을 외상으로 구입하였다.
⑤ 건물을 장부금액보다 낮은 금액으로 처분하였다.

톺아보기

★ ① 수익의 발생은 자본의 증가요인이다.

오답해설
★ ② 주식배당의 결의는 자본을 변화시키지 않는다.
★ ③ 자기주식의 취득은 자본을 감소시킨다.
★ ④ 자산(소모품)의 증가와 부채(미지급금)의 증가에 해당하는 경우로서, 자산과 부채가 동액이 증가하므로 자본(자산 - 부채)은 불변이다.
★ ⑤ 비용계정인 유형자산처분손실이 발생하는 상황으로 비용의 발생은 자본의 감소요인이다.

10 상중하 자산과 비용에 모두 영향을 미치는 거래는? 제25회

① 당기 종업원급여를 현금으로 지급하였다.
② 비품을 외상으로 구입하였다.
③ 현금을 출자하여 회사를 설립하였다.
④ 매입채무를 당좌예금으로 지급하였다.
⑤ 기존 차입금에 대하여 추가 담보를 제공하였다.

톺아보기

★ ① 차변에 비용계정인 급여가 발생하고, 대변에 자산계정인 현금계정이 감소하므로 자산과 비용에 모두 영향을 미치는 거래에 해당한다.

오답해설

② (차) 자산의 증가(비품)　　×××　　(대) 부채의 증가(미지급금)　×××
③ (차) 자산의 증가(현금)　　×××　　(대) 자본의 증가(자본금)　　×××
④ (차) 부채의 감소(매입채무)　×××　　(대) 자산의 감소(당좌예금)　×××
⑤ 단순한 담보제공은 회계상 거래가 아니다.

정답 | 08 ⑤　09 ①　10 ①

11

(주)한국은 20×1년 10월 1일부터 1년간 상가를 임대하면서 동 일자에 향후 1년분 임대료 ₩6,000을 현금 수령하고 전액 수익으로 회계처리하였다. 수정분개를 하지 않았을 경우, (주)한국의 20×1년 재무제표에 미치는 영향은? (단, 임대료는 월할 계산한다)

제25회

① 기말부채 ₩1,500 과대계상
② 기말부채 ₩4,500 과대계상
③ 당기순이익 ₩1,500 과대계상
④ 당기순이익 ₩4,500 과대계상
⑤ 당기순이익 ₩6,000 과대계상

톺아보기

기말수정분개의 효과를 묻는 것이 아니라 기말수정분개의 누락이 미치는 효과를 묻고 있음에 주의한다. 본 문제의 경우 기중에 차기분까지 포함된 1년분 임대료를 수령하고 모두 수익계정으로 인식한 경우 차기분(미경과분)에 대한 기말수정분 개를 하지 않는 경우 회계처리에 대해 묻고 있다.

(1) 누락된 기말수정분개
 (차) 임대료   4,500*   (대) 선수임대료   4,500
 차기분(미경과분): ₩6,000 × 9/12 = ₩4,500*
(2) 수익(임대료)은 ₩4,500 과대되고, 부채(선수임대료)는 ₩4,500 과소되며, 당기순이익(자본)은 ₩4,500 과대계상된다.

오답해설
①② 기말부채 ₩4,500 과소계상
③⑤ 당기순이익 ₩4,500 과대계상

12

(주)한국은 20×1년 4월 1일에 사무실을 임대하고, 1년분 임대료로 ₩1,200(1개월 ₩100)을 현금 수취하여 이를 전액 수익으로 처리하였다. 20×1년 기말수정분 개가 정상적으로 처리되었을 때, 동 사무실 임대와 관련하여 수익에 대한 마감분개로 옳은 것은?

제26회

	차변		대변	
①	임대료	900	집합손익	900
②	임대료	300	선수임대료	300
③	차기이월	300	선수임대료	300
④	집합손익	900	임대료	900
⑤	선수임대료	900	임대료	900

톺아보기

수익계정은 마감시 집합손익 대변에 당기발생분이 대체된다.
(1) 임대료 당기발생분 = ₩1,200 × 9/12 = ₩900
(2) 임대료 당기발생분을 집합손익계정으로 대체된다.
   (차) 임대료   900   (대) 집합손익   900

13

(주)한국은 기중에 소모품을 ₩100,000에 구입하였으며, 기말 현재 남아 있는 소모품은 ₩90,000이다. 수정전시산표상 소모품 잔액이 ₩120,000인 경우 기말수정분개로 옳은 것은?   제28회

	차변	대변
①	소모품비 30,000	소모품 30,000
②	소모품비 20,000	소모품 20,000
③	소모품비 10,000	소모품 10,000
④	소모품 20,000	소모품비 20,000
⑤	소모품 10,000	소모품비 10,000

톺아보기

수정분개의 목표는 장부상 소모품 잔액을 실제기말재고액과 일치시키고, 사용한 만큼을 비용으로 인식하는 것이다.
- 사용한 소모품 금액 계산
 장부에 기록된 수정 전 소모품 잔액에서 기말에 실제 남아 있는 소모품 잔액을 차감해서 이번 회계기간에 사용한 금액을 계산한다.
 따라서 ₩120,000(수정 전 잔액) − ₩90,000(기말실제잔액) = ₩30,000(기간 중 사용액)
- 분개
 (차변) 소모품비 30,000: 사용한 금액만큼을 비용(소모품비)으로 인식한다. ⇨ 비용의 발생
 (대변) 소모품 30,000: 사용해서 없어진 금액만큼 자산(소모품)을 감소시킨다. ⇨ 자산의 감소
 이 분개를 통해 소모품 계정의 잔액은 ₩90,000이 되어 실제재고와 일치하게 되고, 손익계산서에는 ₩30,000의 소모품비가 비용으로 보고된다.

정답 | 11 ④ 12 ① 13 ①

14 (주)한국이 20×1년도에 지급한 보험료는 ₩18,000이다. 재무상태표상 선급보험료 계정의 잔액이 다음과 같을 때, 20×1년도 포괄손익계산서에 표시될 보험료는?

제28회

계정과목	20×1년 초	20×1년 말
선급보험료	₩6,000	₩4,000

① ₩16,000
② ₩20,000
③ ₩22,000
④ ₩24,000
⑤ ₩26,000

톺아보기

당기비용으로 인식해야 할 보험료는 기초에 있던 선급액과 당기에 새로 지급한 금액을 더한 후, 기말에 아직 비용으로 처리되지 않고 남아 있는 선급액을 차감해서 구한다.
당기보험료비용 = 기초선급보험료 + 당기지급보험료 − 기말선급보험료
  ₩6,000 + ₩18,000 − ₩4,000 = ₩20,000
∴ 20×1년도에 비용으로 인식할 보험료 = ₩20,000이다.

15 한국채택국제회계기준에서 제시하고 있는 전체 재무제표에 해당하지 않는 것을 모두 고른 것은?

제27회

㉠ 기말 재무상태표	㉡ 경영진 재무검토보고서
㉢ 환경보고서	㉣ 기간 현금흐름표
㉤ 기간 손익과 기타포괄손익계산서	㉥ 주석

① ㉠, ㉡
② ㉡, ㉢
③ ㉢, ㉣
④ ㉣, ㉤
⑤ ㉤, ㉥

톺아보기

재무제표의 구성

기말 재무상태표	일정 시점에서의 재무상태(자산·부채·자본)를 나타내는 정태적 보고서로서 이월시산표를 기초로 작성된다.
기간 포괄손익계산서	일정 기간의 경영성과(수익·비용)를 나타내는 동태적 보고서로서 집합손익계정을 기초로 작성된다.
기간 현금흐름표	기업이 일정 기간의 현금흐름 변동을 파악하기 위하여 작성하는 동태적 보고서이다.
기간 자본변동표	자본의 크기와 자본을 구성하고 있는 모든 항목의 변동에 관한 정보를 제공하는 재무보고서이다.
주석	재무제표상 해당 과목 또는 금액에 기호를 붙이고, 난외 또는 별지에 동일한 기호를 표시하여 그 내용을 간단명료하게 기재하는 것으로서, 유의적인 회계정책의 요약 및 그 밖의 설명으로 구성된다.

---

16 재무제표의 구성요소 중 잔여지분에 해당하는 것은? 제22회

① 자산
② 부채
③ 자본
④ 수익
⑤ 비용

톺아보기

★ ③ 자본은 기업의 자산총액에서 부채총액을 차감한 후에 남은 잔여지분을 말한다.

오답해설

★ ① 자산은 과거사건의 결과로서 기업이 통제하는 현재의 경제적 자원이다.
★ ② 부채란 과거사건의 결과로서 기업이 경제적 자원을 이전하여야 하는 현재의무이다.
★ ④ 수익은 자산의 증가 또는 부채의 감소로서 자본의 증가요인이다.
★ ⑤ 비용은 자산의 감소 또는 부채의 증가로서 자본의 감소요인이다.

정답 | 14 ② 15 ② 16 ③

17. 수정후시산표의 각 계정잔액이 존재한다고 가정할 경우, 장부마감 후 다음 회계연도 차변으로 이월되는 계정과목은? 제24회

① 이자수익 ② 자본금 ③ 매출원가
④ 매입채무 ⑤ 투자부동산

톺아보기
⑤ 기말잔액이 차기로 이월되는 계정은 재무상태표(자산·부채·자본)계정이다. 이 중 차변에 잔액이 생기는 자산(투자부동산)계정은 기말에 대변에 차기이월로 마감하여 다음 회계연도 초에 전기이월로 차변으로 이월된다.

오답해설
①③ 포괄손익계산서계정이므로 잔액이 이월되지 않는다.
② 자본계정으로 잔액이 다음 연도 초에 대변으로 이월된다.
④ 부채계정으로 잔액이 다음 연도 초에 대변으로 이월된다.

18. 장부마감시 원장 기입에 관한 설명으로 옳은 것은? 제28회

① 수익이 비용보다 큰 경우 집합손익계정 원장의 차변에 이익잉여금으로 마감한다.
② 수익은 수익계정 원장의 대변에 집합손익으로 마감한다.
③ 비용은 비용계정 원장의 대변에 차기이월로 마감한다.
④ 자산은 자산계정 원장의 차변에 차기이월로 마감한다.
⑤ 부채는 부채계정 원장의 차변에 집합손익으로 마감한다.

톺아보기
① 수익과 비용계정은 회계기간이 끝나면 손익의 순액을 계산하기 위해 집합손익계정으로 마감한다.
수익이 비용보다 커서 당기순이익이 발생한 경우, 집합손익계정은 대변잔액을 갖게 된다. 따라서 대변잔액을 자본(이익잉여금)으로 대체하기 위해, 집합손익계정의 차변에 기입하고 이익잉여금계정의 대변에 기입하여 마감한다.

오답해설
② 수익은 수익계정은 대변에 잔액이 남으므로, 마감시에는 차변에 '집합손익'으로 기입하여 잔액을 0으로 만든다.
③ 비용은 비용계정은 임시계정으로, 차기(다음 기간)로 이월하지 않고 '집합손익'계정으로 대체하여 마감한다.
④ 자산은 자산계정은 영구계정으로, 잔액이 차변에 남는다. 마감을 위해 원장의 대변에 '차기이월'이라고 기입하여 차변과 대변의 합계를 일치시킨 후, 다음 기간의 기초 잔액으로 이월한다.
⑤ 부채는 부채계정은 영구계정으로, '집합손익'으로 마감하지 않고 잔액을 '차기이월'하여 다음 기간으로 넘긴다.

정답 | 17 ⑤ 18 ①

제2장 / 재무보고를 위한 개념체계

기본서 p.72~101

01 상중하

유용한 재무정보의 질적 특성에 관한 설명으로 옳지 않은 것은? 제23회

① 근본적 질적 특성은 목적적합성과 표현충실성이다.
② 완벽한 표현충실성을 위해서는 서술이 완전하고, 중립적이며, 오류가 없어야 할 것이다.
③ 정보의 유용성을 보강시키는 질적 특성에는 비교가능성, 검증가능성, 중요성 및 이해가능성이 있다.
④ 일관성은 비교가능성과 관련은 되어 있지만 동일하지는 않다.
⑤ 목적적합한 재무정보는 이용자들의 의사결정에 차이가 나도록 할 수 있다.

톺아보기

★ ③ 정보의 유용성을 보강시키는 질적 특성에는 비교가능성, 검증가능성, 적시성 및 이해가능성이 있다.

오답해설

★ ① 근본적으로 재무정보가 유용하기 위해서는 목적적합해야 하고, 나타내고자 하는 바를 충실하게 표현해야 한다.
★ ② 오류가 없는 서술은 오류나 누락이 없고, 보고정보를 생산하는 데 사용되는 절차의 선택과 적용시 절차상의 오류가 없음을 의미한다. 그렇다고 해서 모든 면에서 완벽하게 정확하다는 것을 의미하는 것은 아니다.
★ ④ 일관성은 비교가능성을 달성하는 데 도움을 준다.
★ ⑤ 예측가치와 확인가치는 상호 연관되어 있으므로 의사결정에 차이를 발생시킨다.

정답 | 01 ③

02 재무보고를 위한 개념체계의 관련 문단에서 발췌되거나 파생된 용어의 정의로 옳지 않은 것은? 제26회

① 근본적 질적 특성: 일반목적재무보고서의 주요 이용자들에게 유용하기 위하여 재무정보가 지녀야 하는 질적 특성
② 미이행계약: 계약당사자 모두가 자신의 의무를 전혀 수행하지 않았거나 계약당사자 모두가 동일한 정도로 자신의 의무를 부분적으로 수행한 계약이나 계약의 일부
③ 부채: 현재사건의 결과로 실체의 경제적 자원을 이전해야 하는 미래의무
④ 인식: 자산, 부채, 자본, 수익 또는 비용과 같은 재무제표의 구성요소 중 하나의 정의를 충족하는 항목을 재무상태표나 재무성과표에 포함하기 위하여 포착하는 과정
⑤ 중요한 정보: 정보가 누락되거나 잘못 기재된 경우 특정 보고실체의 재무정보를 제공하는 일반목적재무보고서에 근거하여 이루어지는 주요 이용자들의 의사결정에 영향을 줄 수 있는 정보

톺아보기

★ 부채는 과거사건의 결과로 기업의 경제적 자원을 이전해야 하는 현재의무를 말한다.

03 일반목적재무보고의 목적에 관한 설명으로 옳지 않은 것은? 제28회

① 일반목적재무보고서는 기업의 경제적 자원 및 보고기업에 대한 청구권에 관한 정보를 제공한다.
② 보고기업의 재무성과에 대한 정보는 그 기업의 경제적 자원에서 해당 기업이 창출한 수익을 이용자들이 이해하는 데 도움을 준다.
③ 보고기업의 경제적 자원 및 청구권의 성격 및 금액에 대한 정보는 이용자들이 보고기업의 재무적 강점과 약점을 식별하는 데 도움을 줄 수 있다.
④ 보고기업의 한 기간의 재무성과에 대한 정보는 이용자들이 기업의 경제적 자원에 대한 경영진의 수탁책임을 평가하는 데에도 도움을 줄 수 있다.
⑤ 보고기업의 과거 재무성과와 그 경영진이 수탁책임을 어떻게 이행했는지에 대한 정보는 기업의 경제적 자원에서 발생하는 미래수익을 예측하는 데 일반적으로 도움이 되지 않는다.

톺아보기

보고기업의 과거 재무성과와 그 경영진이 수탁책임을 어떻게 이행했는지에 대한 정보는 기업의 경제적 자원에서 발생하는 미래수익을 예측하는 데 일반적으로 유용하다.

---

04 근본적 질적 특성에 해당하는 것은? 제27회
① 비교가능성 ② 이해가능성
③ 검증가능성 ④ 적시성
⑤ 목적적합성

톺아보기

근본적 질적 특성이란 일반목적재무보고서의 주요 이용자들에게 유용하기 위하여 재무정보가 지녀야 하는 질적 특성으로서 목적적합성과 표현충실성이다.

---

05 유용한 재무정보의 질적 특성 중 보강적 질적 특성에 해당하는 것을 모두 고른 것은? 제28회

㉠ 표현충실성	㉡ 목적적합성
㉢ 비교가능성	㉣ 이해가능성
㉤ 검증가능성	

① ㉠, ㉡, ㉢ ② ㉠, ㉡, ㉤
③ ㉠, ㉢, ㉣ ④ ㉡, ㉣, ㉤
⑤ ㉢, ㉣, ㉤

톺아보기

보강적 질적 특성이란, 정보가 유용하기 위해 필수적인 근본적 질적 특성을 갖추었다는 전제하에, 그 유용성을 더욱 높여주는 네 가지 속성으로서 비교가능성, 검증가능성, 적시성, 이해가능성이 있다.

정답 | 02 ③ 03 ⑤ 04 ⑤ 05 ⑤

06 유입가치를 반영하는 측정기준을 모두 고른 것은? 제23회

㉠ 역사적 원가 ㉡ 공정가치
㉢ 사용가치 ㉣ 이행가치
㉤ 현행원가

① ㉠, ㉢ ② ㉠, ㉤ ③ ㉡, ㉢
④ ㉠, ㉢, ㉣ ⑤ ㉡, ㉣, ㉤

톺아보기

★ 기업의 경영활동에 투입되는 원가를 유입가치라 하고, 기업의 경영활동에서 산출되는 원가를 유출가치라고 한다. 개념체계에서 제시하는 측정기준에서 역사적 원가와 현행원가는 유입가치에 해당되며, 공정가치와 사용가치(이행가치)는 유출가치에 해당된다.

07 보강적 질적 특성 중 비교가능성은 측정기준의 선택에 영향을 미친다. 다음 중 기업 간 비교가능성을 높이거나 향상시킬 수 있는 측정기준을 모두 고른 것은? 제24회

㉠ 역사적 원가 ㉡ 공정가치
㉢ 사용가치 ㉣ 이행가치
㉤ 현행원가

① ㉠, ㉡ ② ㉡, ㉢ ③ ㉡, ㉤
④ ㉢, ㉣ ⑤ ㉢, ㉣, ㉤

톺아보기

★ 공정가치(㉡)로 측정하면 동일한 자산이나 부채는 원칙적으로 동일한 시장에 접근할 수 있는 기업에 의해 동일한 금액으로 측정된다. 이는 한 기업의 기간간 또는 한 기간의 기업간 비교가능성을 높일 수 있다. 또한 현행원가(㉤)로 측정하면 다른 시점에 취득하거나 발생한 동일한 자산이나 부채를 재무제표에 현재 시점을 기준으로 한 측정금액으로 보고된다. 이는 한 기업의 기간간 그리고 한 기간의 기업간 비교가능성을 향상시킬 수 있다.
㉠ 역사적 원가: 다른 시점에 취득한 동일한 자산이나 발생한 부채가 재무제표에 다른 금액으로 보고될 수 있다. 이것은 보고기업의 기간간 또는 같은 기간의 기업간의 비교가능성을 저하시킬 수 있다.
㉢㉣ 사용가치와 이행가치: 개별기업의 관점을 반영하기 때문에 동일한 자산이나 부채를 다른 기업이 보유할 경우와 다를 수 있으므로 비교가능성이 저하될 수 있다.

08 다음에 설명하는 재무제표의 측정기준으로 옳은 것은? 제26회

> 측정일에 시장참여자 사이의 정상거래에서 자산을 매도할 때 받거나 부채를 이전할 때 지급하게 될 가격이다.

① 역사적 원가
② 현행원가
③ 이행가치
④ 사용가치
⑤ 공정가치

톺아보기

★ 공정가치는 현행가치에 해당하는 유출가치로 시장참여자 관점에서 정상거래에서 결정되는 가격을 말한다.

09 (주)한국은 20×1년 초 현금 ₩1,000,000을 출자하여 설립하였으며, 이는 재고자산 200개를 구입할 수 있는 금액이다. 기중에 물가가 3% 상승하였으며, 기말 순자산은 ₩1,500,000이다. 20×1년 말 동 재고자산을 구입할 수 있는 가격이 개당 ₩6,000이라면, 실물자본유지개념에 의한 당기이익은? (단, 기중 자본거래는 없다) 제26회

① ₩270,000
② ₩300,000
③ ₩320,000
④ ₩420,000
⑤ ₩470,000

톺아보기

★ 실물자본유지개념에서 이익은 해당 기간 중 실물자본의 증가액(기말자본 − 유지해야 할 자본)을 말한다. 이 경우 측정기준은 현행원가이다.
실물자본유지개념에 의한 당기이익 = ₩1,500,000 − (200개 × ₩6,000) = ₩300,000

정답 | 06 ② 07 ③ 08 ⑤ 09 ②

제3장 / 재무제표 표시

기본서 p.110~124

01 재무제표에 관한 설명으로 옳지 않은 것은?
제23회

① 각각의 재무제표는 전체 재무제표에서 동등한 비중으로 표시한다.
② 경영진은 재무제표를 작성할 때 계속기업으로서의 존속가능성을 평가해야 한다.
③ 기업은 현금흐름정보를 제외하고는 발생기준회계를 사용하여 재무제표를 작성한다.
④ 부적절한 회계정책에 대하여 공시나 주석 또는 보충자료를 통해 설명하면 정당화 될 수 있다.
⑤ 재무제표의 목적은 광범위한 정보이용자의 경제적 의사결정에 유용한 기업의 재무상태표, 재무성과와 재무상태변동에 관한 정보를 제공하는 것이다.

톺아보기

★ ④ 부적절한 회계정책에 대하여 공시나 주석 또는 보충자료를 통해 설명하더라도 정당화될 수 없다.
★ ① 한국채택국제회계기준이 달리 허용하거나 요구하는 경우를 제외하고는 당기 재무제표에 보고되는 모든 금액에 대해 전기 비교정보를 표시한다.
★ ② 보고기간 말로부터 향후 12개월 기간에 대하여 이용가능한 모든 정보를 고려하여 계속기업의 가정이 적절한지 여부를 평가한다.
★ ③ 기업은 현금흐름정보를 제외하고는 발생기준회계를 사용하여 재무제표를 작성하며, 현금흐름표는 현금주의로 작성한다.
★ ⑤ 재무제표는 위탁받은 자원에 대한 경영진의 수탁책임 결과 또한 보여준다.

02 재무제표 표시에 관한 설명으로 옳지 않은 것은?

제24회

① 전체 재무제표(비교정보를 포함)는 적어도 1년마다 작성한다.
② 재무제표는 기업의 재무상태, 재무성과 및 현금흐름을 공정하게 표시해야 한다.
③ 당기손익과 기타포괄손익은 단일의 포괄손익계산서에서 두 부분으로 나누어 표시할 수 없다.
④ 한국채택국제회계기준에서 요구하거나 허용하지 않는 한 자산과 부채, 그리고 수익과 비용은 상계하지 아니한다.
⑤ 한국채택국제회계기준을 준수하여 작성된 재무제표는 국제회계기준을 준수하여 작성된 재무제표임을 주석으로 공시할 수 있다.

톺아보기

★ ③ 단일의 포괄손익계산서는 당기순이익과 기타포괄손익을 함께 보여주는 보고서를 작성하는 것으로, 당기순이익 구성요소를 단일 포괄손익계산서의 일부로 표시한다.
★ ① 전체 재무제표(비교정보를 포함)는 적어도 1년마다 작성하며, 일반적으로 1년 단위로 작성하나 52주의 보고기간을 선호하는 보고관행을 금지하지 않는다.
★ ② 한국채택국제회계기준에 따라 작성된 재무제표는 공정하게 표시한 재무제표이다.
★ ④ 비유동자산의 처분손익의 계산시 장부금액과 처분비용을 차감하는 것은 상계에 해당하는 예시이다(예외).
★ ⑤ 한국채택국제회계기준을 준수하여 작성된 재무제표는 국제회계기준을 준수하여 작성된 재무제표임을 주석으로 공시할 수 있다. 재무제표 이외의 보고서(예 환경보고서, 부가가치보고서 등)는 한국채택국제회계기준의 적용범위에 해당하지 않는다.

정답 | 01 ④ 02 ③

03 재무제표 표시에 관한 설명으로 옳지 않은 것을 모두 고른 것은? 제25회

㉠ 모든 재무제표는 발생기준회계를 적용하여 작성한다.
㉡ 한국채택국제회계기준이 달리 허용하거나 요구하는 경우를 제외하고는 당기 재무제표에 보고되는 모든 금액에 대해 전기 비교정보를 표시한다.
㉢ 부적절한 회계정책은 이에 대하여 공시나 주석 또는 보충자료를 통해 설명함으로써 정당화될 수 있다.
㉣ 상이한 성격이나 기능을 가진 항목은 구분하여 표시한다. 다만 중요하지 않은 항목은 성격이나 기능이 유사한 항목과 통합하여 표시할 수 있다.
㉤ 수익과 비용의 어느 항목도 당기손익과 기타포괄손익을 표시하는 보고서에 특별손익항목으로 표시할 수 없다.

① ㉠, ㉡
② ㉠, ㉢
③ ㉡, ㉤
④ ㉢, ㉣
⑤ ㉣, ㉤

톺아보기

★ ㉠ 재무제표는 현금흐름정보를 제외하고 발생기준회계를 적용하여 작성한다.
★ ㉢ 부적절한 회계정책은 이에 대하여 공시나 주석 또는 보충자료를 통해 설명하더라도 정당화될 수 없다.

04 재무제표 표시에 관한 설명으로 옳지 않은 것은? 제28회

① 각각의 재무제표는 전체 재무제표에서 동등한 비중으로 표시한다.
② 당기손익과 기타포괄손익은 단일의 포괄손익계산서에 두 부분으로 나누어 표시할 수 있다.
③ 재무제표는 동일한 문서에 포함되어 함께 공표되는 그 밖의 정보와 명확하게 구분되고 식별되어야 한다.
④ 재무제표 항목의 표시나 분류를 변경하는 경우 실무적으로 적용할 수 없는 것이 아니라면 비교금액도 재분류해야 한다.
⑤ 재무제표가 한국채택국제회계기준의 요구사항을 모두 충족한 경우가 아니라도 한국채택국제회계기준을 준수하여 작성되었다고 기재한다.

톺아보기

재무제표가 한국채택국제회계기준(K-IFRS)을 준수하여 작성되었다고 기재하려면, 반드시 K-IFRS의 모든 요구사항을 충족해야 한다.

더 알아보기

K-IFRS 제1001호 '재무제표 표시'에 따르면, 재무제표가 한국채택국제회계기준의 요구사항을 모두 충족한 경우에만 한국채택국제회계기준을 준수하여 작성되었다고 기재할 수 있다. 일부 요구사항이라도 충족하지 못했다면, 준수했다는 표시를 할 수 없다.

---

05 재무상태표에 나타나지 않는 계정은? 　　　　　　　　　　　　　　　　　제23회

① 자본금　　　　② 선급보험료　　　　③ 손실충당금
④ 이익준비금　　⑤ 임차료

톺아보기

★ ⑤ 재무상태표계정에는 자산계정, 부채계정 그리고 자본계정이 표시된다. 즉, 수익과 비용계정은 표시되지 않는다. 따라서 비용계정에 해당하는 임차료는 포괄손익계산서에 계상되므로 재무상태표에 나타나지 않는다.
★ ① 자본금: 자본계정
★ ② 선급보험료: 자산계정
★ ③ 손실충당금: 자산의 차감적 평가계정
★ ④ 이익준비금: 자본계정

---

06 유동부채로 분류되지 않는 것은? 　　　　　　　　　　　　　　　　　제28회

① 당좌차월　　　　② 매입채무　　　　③ 미지급배당금
④ 이연법인세부채　⑤ 유동성장기차입금

톺아보기

이연법인세부채는 비유동부채로 분류된다.

정답 | 03 ②　04 ⑤　05 ⑤　06 ④

07 포괄손익계산서에 나타나는 항목이 아닌 것은? 제24회

① 미수수익
② 매출액
③ 유형자산처분이익
④ 이자비용
⑤ 법인세비용

톺아보기

★ ① 포괄손익계산서에는 수익계정, 비용계정 그리고 기타포괄손익계정이 표시된다. 즉, 자산계정, 부채계정 그리고 자본계정은 표시되지 않는다. 미수수익계정은 자산계정이므로 재무상태표에 표시된다.
★ ② 매출액: 수익계정
★ ③ 유형자산처분이익: 수익계정
★ ④ 이자비용: 비용계정
★ ⑤ 법인세비용: 비용계정

08 기타포괄이익을 증가 또는 감소시키는 거래는? 제24회

① 매출채권에 대한 손상 인식
② 신용으로 용역(서비스) 제공
③ 판매직원에 대한 급여 미지급
④ 영업용 차량에 대한 감가상각비 인식
⑤ 유형자산에 대한 최초 재평가에서 평가이익 인식

톺아보기

★ ⑤ 재평가이익은 포괄손익계산서상 기타포괄손익으로 인식하며, 동 금액은 재무상태표에 자본항목인 재평가잉여금(기타포괄손익누계액)으로 대체된다.

[오답해설]
① 손상차손: 비용계정
② 용역수익: 수익계정
③ 급여: 비용계정
④ 감가상각비: 비용계정

09 포괄손익계산서 회계요소에 해당하는 것은? 제27회

① 자산
② 부채
③ 자본
④ 자본잉여금
⑤ 수익

톺아보기

①②③④는 재무상태표 회계요소이므로 포괄손익계산서 회계요소와는 관계없다.

10 재무제표 구조와 내용에 관한 설명으로 옳지 않은 것은? 제23회

① 수익과 비용항목이 중요한 경우 성격과 금액을 별도로 공시한다.
② 유동성 순서에 따른 표시방법을 적용할 경우 모든 자산과 부채는 유동성 순서에 따라 표시한다.
③ 정상적인 활동과 명백하게 구분되는 수익과 비용은 당기손익과 기타포괄손익을 표시하는 보고서에 특별손익항목으로 표시한다.
④ 중요한 정보가 누락되지 않는 경우 재무제표의 표시통화를 천 단위나 백만 단위로 표시할 수 있으며 금액 단위를 공시해야 한다.
⑤ 비용의 성격별 또는 기능별 분류방법 중에서 신뢰성 있고 목적적합한 정보를 제공할 수 있는 방법을 적용하여 당기손익으로 인식한 비용의 분석내용을 표시한다.

톺아보기

수익과 비용 어느 항목도 당기손익과 기타포괄손익을 표시하는 보고서에 특별손익항목으로 표시할 수 없다.

정답 | 07 ① 08 ⑤ 09 ⑤ 10 ③

제4장 / 금융자산 I

기본서 p.132~147

01 (주)한국의 20×1년 말 항목 중 재무상태표상 현금 및 현금성자산의 합계액은? (단, 외국환통화에 적용될 환율은 $1 = ₩1,100이다) 제22회

• 자기앞수표	₩10,000	• 차용증서	₩6,000
• 약속어음	₩15,000	• 만기가 도래한 공사채이자표	₩2,000
• 우편환증서	₩40,000	• 외국환통화	$10
• 양도성예금증서(취득: 20×1년 10월 1일, 만기: 20×2년 1월 31일)			₩1,000

① ₩53,000   ② ₩63,000   ③ ₩64,000
④ ₩70,000   ⑤ ₩78,000

톺아보기

★ 양도성예금증서는 취득일로부터 만기가 3개월 이내에 해당되지 않으므로 현금 및 현금성자산에 포함되지 않는다.
현금 및 현금성자산 = 통화와 통화대용증권 + 요구불예금 + 현금성자산
= 자기앞수표 + 만기가 도래한 공사채이자표 + 우편환증서 + 외국환통화
= ₩10,000 + ₩2,000 + ₩40,000 + ($10 × ₩1,100)
= ₩63,000

02 (주)한국의 20×1년 말 재무상태표에 표시된 현금 및 현금성자산은 ₩4,000이다. 다음 자료를 이용할 경우 당좌예금은? 제23회

• 통화	₩200	• 보통예금	₩300
• 당좌예금	?	• 수입인지	₩400
• 우편환증서	₩500		

① ₩2,600   ② ₩2,800   ③ ₩3,000
④ ₩3,100   ⑤ ₩3,500

톺아보기

현금 및 현금성자산 = 통화 + 보통예금 + 당좌예금 + 우편환증서
  = ₩200 + ₩300 + x + ₩500
  = ₩4,000
∴ 당좌예금(x) = ₩3,000

03 (주)한국이 20×1년 말 보유하고 있는 자산이 다음과 같을 때, 20×1년 말 재무상태표에 표시될 현금 및 현금성자산은? 제24회

• 통화	₩1,000	• 보통예금	₩1,500
• 자기앞수표	₩2,000	• 받을어음	₩500
• 우편환증서	₩600	• 당좌개설보증금	₩800
• 정기예금(가입: 20×0년 3월 1일, 만기: 20×2년 2월 28일)			₩900
• 양도성예금증서(취득: 20×1년 12월 1일, 만기: 20×2년 1월 31일)			₩1,000

① ₩4,500
② ₩5,100
③ ₩5,900
④ ₩6,100
⑤ ₩7,000

톺아보기

★ 취득일로부터 만기 또는 상환일이 3개월 이내인 양도성예금증서, 환매채, 수익증권 등은 현금성자산으로 현금 및 현금성자산의 범위에 포함된다.
  현금 및 현금성자산 = 통화·통화대용증권 + 요구불예금(보통예금·당좌예금) + 현금성자산
    = 통화 + 보통예금 + 자기앞수표 + 우편환증서 + 양도성예금증서
    = ₩1,000 + ₩1,500 + ₩2,000 + ₩600 + ₩1,000
    = ₩6,100

정답 | 01 ② 02 ③ 03 ④

04 (주)한국의 20×1년 말 재무자료에서 발췌한 자료이다. 20×1년 말 재무상태표의 현금 및 현금성자산으로 보고될 금액은? [단, (주)한국의 표시통화는 원화(₩)이다]

제25회

• 당좌차월	₩300
• 타인발행수표	₩100
• 지급기일이 도래한 배당금지급통지표	₩450
• 우편환증서	₩260
• 양도성예금증서(취득일 20×1년 12월 1일, 만기일 20×2년 3월 20일)	₩530
• 당좌개설보증금	₩340
• 자기앞수표	₩250
• 외국환통화(외국환통화에 적용될 환율은 $1 = ₩110)	$2

① ₩980   ② ₩1,280
③ ₩1,620   ④ ₩1,810
⑤ ₩2,150

톺아보기

★ 현금 및 현금성자산은 통화(지폐와 주화)와 통화대용증권(타인발행수표 등), 요구불예금(보통예금·당좌예금) 및 현금성자산을 포함하여 계산한다.

현금 및 현금성자산 = 타인발행수표 + 지급기일이 도래한 배당금지급통지표 + 우편환증서 + 자기앞수표 + 외국환통화
= ₩100 + ₩450 + ₩260 + ₩250 + ($2 × ₩110)
= ₩1,280

05 (주)한국은 20×1년 12월 31일 직원이 회사자금을 횡령한 사실을 확인하였다. 12월 31일 현재 회사 장부상 당좌예금 잔액은 ₩65,000이었으며, 거래은행으로부터 확인한 당좌예금 잔액은 ₩56,000이다. 회사측 잔액과 은행측 잔액이 차이가 나는 이유가 다음과 같을 때, 직원이 회사에서 횡령한 것으로 추정되는 금액은? 제22회

• 은행 미기입예금	₩4,500
• 기발행 미인출수표	₩5,200
• 회사에 미통지된 입금액	₩2,200
• 은행으로부터 통보받지 못한 은행수수료	₩1,500
• 발행한 수표 ₩2,000을 회사장부에 ₩2,500으로 기록하였음을 확인함	

① ₩9,000　　　　　　　　　② ₩9,700
③ ₩10,400　　　　　　　　　④ ₩10,900
⑤ ₩31,700

톺아보기

은행측 조정 전 잔액	₩56,000	회사측 조정 전 잔액	₩65,000
+ 은행 미기입예금	₩4,500	+ 회사에 미통지된 입금액	₩2,200
− 기발행 미인출수표	₩5,200	− 은행수수료	₩1,500
		+ 발행한 수표 기록	₩500
정확한 잔액	₩55,300	정확한 잔액	₩66,200

횡령액 ₩10,900

정답 | 04 ② 05 ④

06 (주)한국의 20×1년 말 현재 장부상 당좌예금계정 잔액은 ₩22,500으로 은행측 예금잔액증명서상 금액과 일치하지 않는 것으로 나타났다. 이들 잔액이 일치하지 않는 원인이 다음과 같을 때, 차이 조정 전 은행측 예금잔액증명서상 금액은? 제23회

• 은행 미기입예금	₩2,000
• 기발행 미인출수표	₩5,000
• 회사에 미통지된 입금액	₩3,000
• 은행으로부터 통보받지 못한 이자수익	₩300
• 은행으로부터 통보받지 못한 은행수수료	₩200

① ₩22,500 ② ₩23,600
③ ₩25,600 ④ ₩28,600
⑤ ₩30,600

톺아보기

은행계정조정표

회사측		은행측	
수정 전 잔액	₩22,500	수정 전 잔액(x)	₩28,600
미통지입금	3,000	미기입예금	2,000
이자수익	300	기발행 미인출수표	(5,000)
은행수수료	(200)		
수정 후 잔액	₩25,600	수정 후 잔액	₩25,600

은행 미기입예금은 은행측 가산항목이고, 기발행 미인출수표는 은행측 차감항목이다. 또한 통지받지 못한 이자수익은 회사측 가산항목이고, 통지받지 못한 은행수수료는 회사측 차감항목이다.

07 20×1년 말 현재 (주)한국의 장부상 당좌예금 잔액은 ₩84,500으로 은행측 잔액증명서상 잔액과 차이가 있다. 차이가 나는 원인이 다음과 같을 때, 차이를 조정한 후의 올바른 당좌예금 잔액은? 제24회

- 거래처에서 송금한 ₩5,600이 은행에 입금처리되었으나, 기말 현재 은행으로부터 통보받지 못했다.
- 발행한 수표 중 ₩11,000이 기말 현재 은행에서 인출되지 않았다.
- 거래처로부터 받아 예입한 수표 ₩5,000이 부도처리되었으나, 기말 현재 은행으로부터 통보받지 못했다.
- 회사에서는 입금처리하였으나, 기말 현재 은행측에 미기입된 예금은 ₩12,300이다.

① ₩72,900
② ₩79,100
③ ₩83,900
④ ₩85,100
⑤ ₩86,400

톺아보기

차이 조정 후 올바른 잔액을 묻고 있으므로 주어진 조정 전 회사측 장부잔액에서 회사측 수정사항만 반영하면 올바른 당좌예금 잔액이 계산된다.

미통지입금액은 회사측 가산항목이고, 부도수표는 회사측 차감항목이다.

올바른 당좌예금 잔액 = 조정 전 회사측 잔액 + 미통지입금액 − 부도수표
= ₩84,500 + ₩5,600 − ₩5,000
= ₩85,100

정답 | 06 ④ 07 ④

08 (주)한국이 은행으로부터 통지받은 은행 예금잔액증명서상 잔액은 ₩10,000이고, 장부상 당좌예금 잔액과 차이가 있다. 당좌예금계정 잔액의 불일치 원인이 다음과 같을 때, (주)한국의 조정 전 당좌예금계정 잔액은? 제27회

- (주)한국이 거래처에 발행하였으나 은행에서 미인출된 수표   ₩2,000
- (주)한국은 입금처리하였으나 은행에서 미기록한 예금   ₩1,000
- (주)한국에서 회계처리하지 않은 은행수수료   ₩300
- 타회사가 부담할 수수료를 (주)한국의 계정에서 차감한 은행의 오류   ₩400
- (주)한국에서 회계처리하지 않은 이자비용   ₩500

① ₩8,600   ② ₩9,400
③ ₩9,800   ④ ₩10,000
⑤ ₩10,200

톺아보기

은행측 조정 전 잔액	₩10,000	회사측 조정 전 잔액	(₩10,200)
− 기발행 미인출수표	₩2,000	− 은행수수료	₩300
+ 은행 미기입예금	₩1,000	− 이자비용	₩500
+ 은행 오류	₩400		
정확한 잔액	₩9,400	정확한 잔액	₩9,400

09 20×1년 말 현재 (주)한국의 장부상 당좌예금 잔액과 은행측 잔액증명서상 잔액의 불일치 원인은 다음과 같다. 불일치 원인을 조정한 후의 올바른 당좌예금 잔액이 ₩200,000일 때, (주)한국의 조정 전 장부상 당좌예금 잔액은? 제28회

- (주)한국은 입금처리하였으나, 은행에서 미기록한 예금   ₩40,000
- (주)한국에서 회계처리하지 않은 은행수수료   ₩10,000
- 거래처가 입금한 금액 중 은행으로부터 통보받지 못한 금액   ₩30,000
- (주)한국이 발행한 수표 중 은행에서 인출되지 않은 금액   ₩25,000
- (주)한국이 은행에 예입한 ₩50,000의 수표를 회사장부에 ₩5,000으로 기록

① ₩120,000   ② ₩135,000
③ ₩150,000   ④ ₩185,000
⑤ ₩225,000

톺아보기

	회사측 조정 전 잔액	(₩135,000)
−	은행수수료	₩10,000
+	미통지입금	₩30,000
+	회사 기장 오류 수정	₩45,000
	정확한 잔액	₩200,000

10 (주)한국은 20×1년 4월 1일 다음과 같은 받을어음을 은행에서 할인하고, 할인료를 제외한 금액을 현금으로 수취하였다. 동 어음할인으로 매출채권처분손실이 ₩159 발생한 경우, (주)한국이 수취한 현금은? (단, 금융자산의 양도는 제거조건을 충족하며, 이자는 월할계산한다)   제24회

- 액면금액: ₩10,000
- 표시이자율: 연 6%(이자는 만기에 수취)
- 어음발행일: 20×1년 1월 1일
- 어음만기일: 20×1년 6월 30일

① ₩9,841   ② ₩9,991
③ ₩10,141   ④ ₩10,159
⑤ ₩10,459

톺아보기

실수령액 − 장부금액 = 매출채권처분손실
₩9,991   ₩10,150   (₩159)

(1) ₩10,000 + (₩10,000 × 6% × 3/12) = ₩10,150
(2) ₩10,150 − 159 = ₩9,991

정답 | 08 ⑤   09 ②   10 ②

11

(주)한국의 당기 매출채권 손실충당금 기초잔액은 ₩50,000이고 기말잔액은 ₩80,000이다. 기중 매출채권 ₩70,000이 회수불능으로 확정되어 제거되었으나 그중 ₩40,000이 현금으로 회수되었다. 당기 포괄손익계산서상 매출채권 손상차손은?

제22회

① ₩40,000　　② ₩50,000
③ ₩60,000　　④ ₩70,000
⑤ ₩80,000

톺아보기

손실충당금			
확정	70,000	손실충당금	50,000
기말	80,000	기초	40,000
		손상차손	x
	150,000		150,000

손상차손(x) = ₩60,000

12

(주)한국의 20×1년 초 매출채권에 대한 손실충당금은 ₩5,000이다. 매출채권과 관련된 자료가 다음과 같을 때, 20×1년도에 인식할 손상차손은?

제23회

- 20×1년 3월 2일 당기 외상매출한 ₩7,500의 매출채권이 회수불가능한 것으로 판명되었다.
- 20×1년 6월 3일 전기에 손실충당금으로 손상처리한 매출채권 ₩1,000이 회수되었다.
- 20×1년 12월 31일 기말수정분개 전 매출채권 잔액은 ₩201,250이며, 매출채권 잔액의 미래현금흐름을 개별적으로 분석한 결과 ₩36,000의 손상이 발생할 것으로 예상되었다.

① ₩30,500　　② ₩31,000
③ ₩35,000　　④ ₩36,500
⑤ ₩37,500

톺아보기

	손실충당금		
확정	7,500	기초	5,000
기말	36,000	회수	1,000
		손상차손	x
	43,500		43,500

손상차손(x) = ₩37,500

---

13 (주)한국의 20×1년 중 발생한 거래 및 20×1년 말 손상차손 추정과 관련된 자료는 다음과 같다. (주)한국의 20×1년도 포괄손익계산서상 매출채권에 대한 손상차손이 ₩35,000일 때, 20×1년 초 매출채권에 대한 손실충당금은? 제24회

- 20×1년 6월 9일: 당기 외상매출한 매출채권 ₩8,900이 회수불능으로 확정되어 제거되었다.
- 20×1년 7월 13일: 전기에 손실충당금으로 손상처리한 매출채권 ₩1,000이 회수되었다.
- 20×1년 12월 31일: 기말매출채권 전체에 대한 기대신용손실액은 ₩30,000이다.

① ₩1,000
② ₩1,900
③ ₩2,900
④ ₩3,900
⑤ ₩5,000

톺아보기

	손실충당금		
확정	8,900	기초	x
기말	30,000	회수	1,000
		손상차손	35,000
	38,900		38,900

기초손실충당금(x) = ₩2,900

정답 | 11 ③　12 ⑤　13 ③

14 (주)한국의 20×1년 초 매출채권은 ₩800,000이며, 매출채권에 대한 손실충당금은 ₩15,000이다. 20×1년도 포괄손익계산서에 인식할 손상차손은? (단, 매출채권에는 유의적 금융요소를 포함하고 있지 않다고 가정한다)

제26회

- 20×1년도 매출액은 ₩1,000,000이며, 이 중 외상매출액은 ₩700,000이다.
- 20×1년도에 감소된 매출채권은 총 ₩1,020,000으로, 이는 현금으로 회수된 ₩1,000,000과 회수불능이 확정되어 제거된 ₩20,000이다.
- 20×1년 말 매출채권에 대한 기대신용손실은 매출채권 잔액의 2%이다.

① ₩9,600 ② ₩10,600 ③ ₩14,600
④ ₩15,600 ⑤ ₩20,600

톺아보기

매출채권				손실충당금			
기초	800,000	손상확정	20,000	손상확정	20,000	기초	15,000
외상매출액	700,000	회수액	1,000,000	기말	9,600	손상차손	14,600
		기말	480,000				
	1,500,000		1,500,000		29,600		29,600

15 (주)한국은 모든 매출거래를 매출채권 증가로 처리한다. 20×1년과 20×2년 중 회수불능이 확정되어 제거된 매출채권은 없으며, 회수불능으로 회계처리했던 매출채권을 현금으로 회수한 내역도 없을 때, 다음 중 옳지 않은 것은?

제27회

계정과목	20×1년	20×2년
기말매출채권	₩95,000	₩100,000
기말손실충당금	15,500	17,000
매출액	950,000	980,000
손상차손	15,500	?

① 20×2년 초 매출채권의 전기이월액은 ₩95,000이다.
② 20×1년 초 손실충당금의 전기이월액은 ₩0이다.
③ 20×2년 손상차손은 ₩1,500이다.
④ 20×2년 초 손상차손의 전기이월액은 ₩0이다.
⑤ 20×2년 현금회수된 매출채권은 ₩976,500이다.

톺아보기

⑤ 매출채권 계정의 현금회수액은 다음과 같이 계산된다.
매출채권 현금회수액 = 기초매출채권 + 당기매출액 - 기말매출채권
20×2년 기초매출채권: ₩95,000(20×1년 기말잔액)
20×2년 당기매출액: ₩980,000
20×2년 기말매출채권: ₩100,000
매출채권 현금회수액 = ₩95,000 + ₩980,000 - ₩100,000 = ₩975,000
따라서 20×2년 현금회수된 매출채권은 ₩975,000이다.

① 20×1년 기말매출채권 잔액 ₩95,000이 20×2년 초로 이월된다.
② 별도의 언급이 없으므로, 회계연도 시작 시점의 손실충당금 잔액은 ₩0으로 가정하는 것이 일반적이다.
③ 손상차손은 기말손실충당금 잔액을 맞추기 위해 설정되는 금액이다.
20×1년 기말손실충당금: ₩15,500
20×2년 기말손실충당금: ₩17,000
20×2년 손상차손 = 20×2년 기말손실충당금 - 20×1년 기말손실충당금
= ₩17,000 - ₩15,500
= ₩1,500
④ 손상차손은 비용계정으로, 한 회계연도에 발생한 비용을 나타낸다. 따라서 다음 회계연도로 이월되지 않고, 연말에 손익계정으로 마감된다.

---

16 (주)한국은 매출처로부터 받은 액면금액 ₩100,000(발행일 20×1년 7월 1일, 만기일 20×1년 12월 31일, 표시이자율 연 9%, 만기 이자수취)인 이자부어음을 20×1년 8월 1일 은행에 이자율 연 12% 조건으로 할인하였다. 동 어음할인으로 (주)한국이 할인료를 제외하고 수취한 현금은? (단, 어음할인은 제거조건을 충족하며, 이자는 월할계산한다)   제28회

① ₩98,525   ② ₩99,275   ③ ₩100,000
④ ₩100,025   ⑤ ₩104,500

톺아보기

① 만기가치: ₩100,000 + (₩100,000 × 9% × 6/12) = ₩104,500
② 할인료(할인액): ₩104,500 × 12% × 5/12 = ₩5,225
③ 현금수령액: ₩104,500 - ₩5,225 = ₩99,275

정답 | 14 ③   15 ⑤   16 ②

17

(주)한국은 20×1년 초 토지를 ₩4,000,000에 취득하면서 현금 ₩1,000,000을 즉시 지급하고 나머지 ₩3,000,000은 20×1년 말부터 매년 말에 각각 ₩1,000,000씩 3회 분할지급하기로 하였다. 이러한 대금지급은 일반적인 신용기간을 초과하는 것이다. 취득일 현재 토지의 현금가격상당액은 총지급액을 연 10% 이자율로 할인한 현재가치와 동일하다. 20×2년에 인식할 이자비용은? (단, 단수차이가 발생할 경우 가장 근사치를 선택한다)   제25회

기간	연 이자율 10%	
	단일금액 ₩1의 현재가치	정상연금 ₩1의 현재가치
3	0.7513	2.4869

① ₩100,000 ② ₩173,559
③ ₩248,690 ④ ₩348,690
⑤ ₩513,100

톺아보기

(1) 20×1년 말 = 20×2년 초 장기미지급금의 장부금액
    = [(₩1,000,000 × 2.4869) × 1.1] − ₩1,000,000
    = ₩1,735,590
(2) 20×2년 이자비용 = ₩1,735,590 × 10%
    = ₩173,559

18 상중하

(주)한국은 12월 1일 상품매입 대금 ₩30,000에 대해 당좌수표를 발행하여 지급하였다. 당좌수표 발행 당시 당좌예금 잔액은 ₩18,000이었고, 동 당좌계좌의 당좌차월 한도액은 ₩20,000이었다. 12월 20일 거래처로부터 매출채권 ₩20,000이 당좌예금으로 입금되었을 때 회계처리로 옳은 것은? 제23회

①	(차) 당좌예금	20,000	(대) 매출채권	20,000	
②	(차) 당좌차월	20,000	(대) 매출채권	20,000	
③	(차) 당좌예금	12,000	(대) 매출채권	20,000	
	당좌차월	8,000			
④	(차) 당좌예금	8,000	(대) 매출채권	20,000	
	당좌차월	12,000			
⑤	(차) 당좌예금	18,000	(대) 매출채권	20,000	
	당좌차월	2,000			

톺아보기

당좌예금의 인출은 당좌예금의 범위 내에서 행해지는 것이 원칙이다. 그러나 은행과 미리 당좌차월계약을 체결하여 일정한 한도 내에서 예금잔액을 초과해도 수표를 발행하여 은행이 지급할 수 있도록 하는데, 이것을 당좌차월이라고 한다. 본 문제는 당좌차월이 발생한 이후에 당좌예입한 경우 회계처리를 묻고 있는 유형이다.

(1) 12월 1일 인출시

예금잔액 < 수표발행금액: ₩18,000 < ₩30,000 = 당좌차월(대변) ₩12,000 발생

(차) 매입채무 30,000   (대) 당좌예금 18,000
                          당좌차월   12,000

(2) 12월 20일 예입시

매출채권 회수로 인한 ₩20,000을 당좌예입하는 경우 대변잔액인 당좌차월 ₩12,000을 먼저 감소시키고 나머지 ₩8,000을 당좌예금 차변잔액으로 회계처리한다.

(차) 당좌예금   8,000   (대) 매출채권 20,000
    당좌차월 12,000

정답 | 17 ② 18 ④

19 수정후잔액시산표의 당좌예금계정 잔액이 대변에 존재할 경우 기말 재무상태표에 표시되는 계정과목은?

제22회

① 현금 및 현금성자산
② 단기차입금
③ 장기대여금
④ 선수금
⑤ 예수금

톺아보기

★ 당좌예금은 자산계정이므로 차변잔액이다. 그러나 대변잔액이라는 것은 마이너스 당좌예금이므로 예입액보다 인출(수표발행액)이 더 큰 당좌차월에 해당된다. 당좌차월은 회사의 은행에 대한 부채라고 볼 수 있어 기말 재무상태표에서 단기차입금(유동부채)으로 분류한다.

정답 | 19 ②

제5장 / 금융자산 II

기본서 p.156~167

01 금융자산에 해당하지 않는 것은? 제22회

① 미수이자
② 다른 기업의 지분상품
③ 만기까지 인출이 제한된 정기적금
④ 거래상대방에게서 국채를 수취할 계약상의 권리
⑤ 선급금

톺아보기

★ 실물자산(재고자산, 생물자산, 유형자산 등), 재화나 용역을 수취할 권리가 있는 항목(선급금 등), 계약에 의하지 않은 항목 등은 비금융자산으로 금융자산에 해당되지 않는다.

02 금융자산에 해당하지 않는 것은? 제23회

① 현금
② 대여금
③ 투자사채
④ 선급비용
⑤ 매출채권

톺아보기

★ 선급비용이나 선급금은 현금 등 금융자산을 수취할 권리가 아니라 재화나 용역을 수취할 권리이므로 금융자산에 해당되지 않는다.

정답 | 01 ⑤ 02 ④

03 금융자산에 해당하지 않는 것은?

제27회

① 매출채권
② 투자사채
③ 다른 기업의 지분상품
④ 당기법인세자산
⑤ 거래상대방에게서 국채를 수취할 계약상의 권리

톺아보기

당기법인세자산은 법인세 납부액이 실제 회계이익에 기반한 세금보다 더 많아 발생하는 자산이다. 이는 현금이나 그 밖의 금융자산을 수취할 계약상의 권리가 아니며, 세무 당국에 대한 채권의 성격이므로 금융자산에 포함되지 않는다.

04

(주)한국은 20×1년 4월 1일 (주)대한의 보통주 100주를 1주당 ₩10,000에 취득하고 취득수수료 ₩20,000을 현금으로 지급하였다. (주)한국은 취득한 보통주를 당기손익 - 공정가치측정 금융자산으로 분류하였으며, 20×1년 8월 1일 1주당 ₩1,000의 중간배당금을 현금으로 수령하였다. 20×1년 말 (주)대한의 보통주 공정가치는 1주당 ₩10,500이었다. 동 주식과 관련하여 (주)한국이 20×1년 인식할 금융자산평가손익은?

제24회

① 손실 ₩70,000
② 손실 ₩50,000
③ 손실 ₩30,000
④ 이익 ₩30,000
⑤ 이익 ₩50,000

톺아보기

당기손익-공정가치측정 금융자산의 경우 취득시 거래원가는 취득원가에 포함되지 않으므로 평가 직전 장부금액은 주당 ₩10,000이다.
당기손익 - 공정가치측정 금융자산평가이익은 당기손익항목으로 당기순이익을 증가시킨다.
당기손익 - 공정가치측정 금융자산평가이익 = (₩10,500 - ₩10,000) × 100주 = ₩50,000

(주)한국은 20×1년 중 금융자산을 취득하고 주식 A는 당기손익 - 공정가치측정 금융자산으로, 주식 B는 기타포괄손익 - 공정가치측정 금융자산으로 분류하였다. 20×1년 중 주식 A는 전부 매각하였고, 주식 B는 20×1년 말 현재 보유하고 있다. 주식 A의 매각금액과 20×1년 말 주식 B의 공정가치가 다음과 같을 때, 20×1년 당기순이익에 미치는 영향은?

제25회

구분	20×1년 중 취득원가	비고
주식 A	₩250	매각금액 ₩230
주식 B	₩340	20×1년 말 공정가치 ₩380

① ₩20 증가
② ₩40 증가
③ ₩60 증가
④ ₩20 감소
⑤ ₩40 감소

톺아보기

(1) 당기손익 - 공정가치측정 금융자산
   당기손익 - 공정가치측정 금융자산처분손익 = ₩230 - ₩250 = (-)₩20 ⇨ 당기순이익의 감소
(2) 기타포괄손익 - 공정가치측정 금융자산
   기타포괄손익 - 공정가치측정 금융자산평가손익 = ₩380 - ₩340 = ₩40 ⇨ 기타포괄이익의 증가
따라서 20×1년 당기순이익에 미치는 영향은 (1)의 ₩20이 감소된다.

06 (주)한국은 20×1년 5월 1일 주식 A 100주를 취득일의 공정가치인 주당 ₩100에 취득하고 당기손익 – 공정가치측정 금융자산으로 분류하였다. 20×1년 말과 20×2년 말의 주식 A의 공정가치는 다음과 같다.

구분	20×1년 말	20×2년 말
주식 A 공정가치	₩120	₩140

(주)한국은 20×2년 5월 1일 주식 A 50주를 처분일의 공정가치인 주당 ₩110에 처분하고, 나머지 50주는 계속 보유하고 있다. 20×2년 당기순이익에 미치는 영향은?

제27회

① 영향 없음
② ₩500 감소
③ ₩500 증가
④ ₩1,000 감소
⑤ ₩1,000 증가

톺아보기

(1) 주식 처분으로 인한 손익
　처분가액 = 50주 × ₩110 = ₩5,500
　처분 직전 장부금액: 20×1년 말 공정가치인 주당 ₩120을 사용
　　　50주 × ₩120 = ₩6,000
　처분손실 = 처분가액 − 장부금액 = ₩5,500 − ₩6,000 = −₩500
(2) 기말 보유주식의 공정가치 변동으로 인한 손익
　20×2년 12월 31일, 남아 있는 50주를 평가
　기말공정가치 = 50주 × ₩140 = ₩7,000
　기초장부금액: 20×1년 말 공정가치인 주당 ₩120을 사용
　　　50주 × ₩120 = ₩6,000
　평가이익 = 기말공정가치 − 기초장부금액 = ₩7,000 − ₩6,000 = +₩1,000
(3) 총당기순이익 영향
　20×2년 당기순이익에 미치는 총영향은 처분손실과 평가이익의 합
　총영향 = −₩500(처분손실) + ₩1,000(평가이익) = +₩500
　따라서 20×2년 당기순이익은 ₩500 증가

07 (주)한국은 20×1년 7월 1일에 주식 A를 취득일의 공정가치인 ₩50,000에 취득하고 기타포괄손익 - 공정가치측정 금융자산으로 분류하였다. (주)한국은 20×2년 4월 1일에 주식 A와 관련하여 ₩1,000의 현금배당금을 수령하였고, 20×2년 12월 1일에 주식 A를 ₩55,000에 전량 매각하였다. 주식 A의 공정가치가 다음과 같을 때, 주식 A와 관련된 회계처리가 (주)한국의 20×2년도 당기순이익에 미치는 영향은? (단, 주식매매수수료는 없다) 제28회

구분	20×1년 12월 31일	20×2년 4월 1일	20×2년 12월 1일
공정가치	₩53,500	₩52,000	₩55,000

① ₩1,000 증가
② ₩1,500 증가
③ ₩3,000 증가
④ ₩5,000 증가
⑤ ₩6,000 증가

톺아보기

주식 A와 관련된 회계처리가 20×2년도 당기순이익에 미치는 영향은 배당금수익뿐이다.
(1) 배당금수익 ⇨ 당기순이익에 영향 ○
   20×2년 4월 1일에 수령한 현금배당금 ₩1,000은 배당금수익으로 인식되어 당기순이익을 증가시킨다.
(2) 처분손익 ⇨ 당기순이익에 영향 ×
   이 주식은 '기타포괄손익 - 공정가치측정(FVOCI)'으로 분류된 금융자산이므로 공정가치 변동으로 발생한 평가손익은 기타포괄손익으로 처리되며, 자산을 처분할 때 발생하는 처분손익 역시 당기순이익에 반영되지 않는다. 따라서 처분시점의 누적된 평가손익(기타포괄손익누계액)은 당기손익으로 재분류되지 않고 이익잉여금으로 직접 대체된다.

정답 | 06 ③ 07 ①

08 (주)한국은 20×1년 초 회사채(액면금액 ₩100,000, 표시이자율 5%, 이자는 매년 말 후급, 만기 20×3년 말)를 ₩87,566에 구입하고, 상각후원가측정 금융자산으로 분류하였다. 20×1년 이자수익이 ₩8,757일 때, 20×2년과 20×3년에 인식할 이자수익의 합은? (단, 단수차이가 발생할 경우 가장 근사치를 선택한다)

제22회

① ₩10,000
② ₩17,514
③ ₩17,677
④ ₩18,514
⑤ ₩18,677

톺아보기

(1) 총이자수익 = (₩100,000 × 5% × 3년) + (₩100,000 − ₩87,566) = ₩27,434
(2) 20×2년~20×3년 이자수익 = ₩27,434 − ₩8,757(기인식분) = ₩18,677

09 (주)한국은 20×1년 1월 1일에 (주)대한이 발행한 사채(액면금액 ₩10,000, 표시이자율 연 10%, 이자는 매년 12월 31일 지급, 만기 3년)를 공정가치로 취득하고 상각후원가측정 금융자산으로 분류하였다. 취득 당시 유효이자율은 연 12%이다. 동 금융자산과 관련하여 (주)한국이 20×2년 12월 31일에 인식할 이자수익과 20×2년 12월 31일 금융자산 장부금액은? (단, 사채발행일과 취득일은 동일하며, 단수차이가 발생할 경우 가장 근사치를 선택한다)

제25회

기간	단일금액 ₩1의 현재가치		정상연금 ₩1의 현재가치	
	10%	12%	10%	12%
3	0.7513	0.7118	2.4869	2.4019

	이자수익	장부금액		이자수익	장부금액
①	₩952	₩9,520	②	₩1,000	₩9,620
③	₩1,142	₩9,662	④	₩1,159	₩9,821
⑤	₩1,178	₩10,000			

톺아보기

상각후원가측정 금융자산은 액면금액과 표시이자 현재가치의 합계이며, 유효이자율법에 의하여 이자수익과 간편법에 의한 상각후원가를 다음과 같이 계산한다. 본 문제의 경우 묻는 연도가 20×2년임에 주의한다.
(1) 상각후원가측정 금융자산의 취득원가 = (₩10,000 × 0.7118) + (₩10,000 × 10% × 2.4019) = ₩9,520
(2) 20×1년 말 상각후원가 = (₩9,520 × 1.12) − ₩1,000 = ₩9,662
(3) 이자수익 = ₩9,662 × 12% = ₩1,159
(4) 장부금액(상각후원가) = (₩9,662 × 1.12) − ₩1,000 = ₩9,821

10 취득한 사채(채무상품)를 기타포괄손익 − 공정가치측정 금융자산으로 분류한 경우의 회계처리로 옳지 않은 것은? (단, 손상은 고려하지 않는다) 제26회

① 취득과 관련되는 거래원가는 최초 인식시점의 공정가치에 가산한다.
② 처분할 경우 기타포괄손익누계액에 누적된 평가손익을 당기손익으로 재분류한다.
③ 당기손익으로 인식하는 금액은 상각후원가측정 금융자산으로 분류하였을 경우 당기손익으로 인식하는 금액과 차이가 없다.
④ 액면금액 미만으로 취득(할인취득)한 경우 이자수익 인식금액이 현금으로 수취하는 이자금액보다 크다.
⑤ 이자수익은 매 보고기간 말의 현행 시장이자율을 이용하여 인식한다.

톺아보기

★ ⑤ 현행 시장이자율이 아니라 발행 당시 시장이자율을 이용하여 인식한다.
★ ① 취득과 관련되는 거래원가는 최초 인식시점의 공정가치에 가산한다. 다만, 당기손익 − 공정가치측정 금융자산의 경우 취득과 관련된 거래원가는 당기비용으로 회계처리한다.
★ ② 기타포괄손익 − 공정가치측정 금융자산 중 채무상품의 경우는 재분류조정 대상이므로 처분대가와 상각후원가의 차액인 금융자산처분손익을 당기손익으로 인식한다.
★ ③ 상각후원가측정 금융자산으로 분류할 경우 재분류일에 공정가치로 측정하고, 재분류 전에 인식한 기타포괄손익누계액은 자본에서 제거하며 재분류일의 금융자산 공정가치에서 조정한다. 이러한 조정은 기타포괄손익에는 영향을 미치지만 당기손익에는 영향을 미치지 않는다.
★ ④ 액면금액 미만으로 취득(할인취득)한 경우 유효이자율이 표시이자율보다 크기 때문에 이자수익 인식금액이 현금으로 수취하는 이자금액보다 크다.

제6장 / 재고자산

기본서 p.176~200

01 다음 자료를 이용하여 계산한 총매입액은? (단, 재고자산감모손실은 없다) 제22회

• 기초재고	₩400,000	• 총매출액	₩2,000,000
• 매출환입	₩200,000	• 매입환출	₩40,000
• 기말재고	₩300,000	• 매출총이익률	20%

① ₩1,300,000　　　　　　② ₩1,340,000
③ ₩1,380,000　　　　　　④ ₩1,700,000
⑤ ₩1,740,000

톺아보기

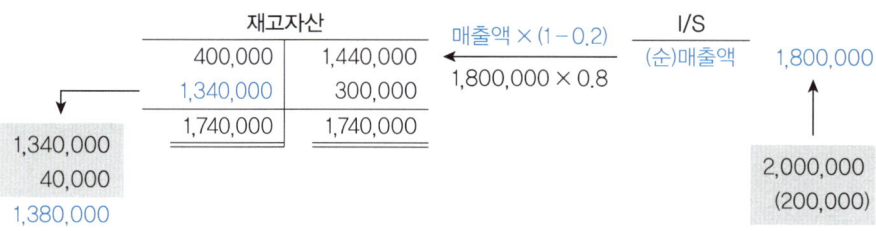

02 다음 자료를 이용하여 계산한 매출총이익은? 　　　　　제22회

• 총매출액	₩100,000	• 총매입액	₩80,000
• 매출환입	₩2,000	• 매입운임	₩1,500
• 매출에누리	₩1,000	• 매입환출	₩2,000
• 매출할인	₩1,500	• 매출운임	₩8,000
• 기초재고	₩10,000	• 기말재고	₩30,000

① ₩20,000　　　　　　　　② ₩28,000
③ ₩34,000　　　　　　　　④ ₩36,000
⑤ ₩40,500

톺아보기

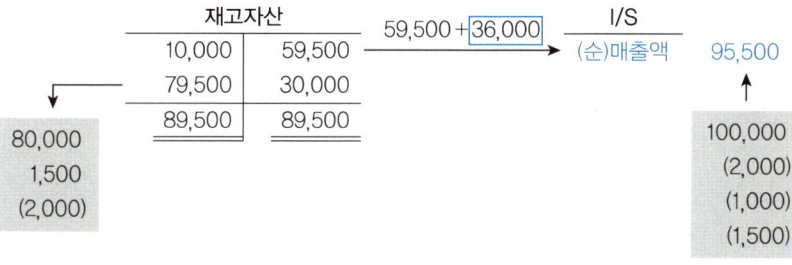

정답 | 01 ③　02 ④

03 다음 자료를 이용하여 계산한 기말재고자산은? (단, 재고자산평가손실과 재고자산감모손실은 없다) 제24회

• 기초재고	₩300	• 총매출액	₩1,600
• 총매입액	₩1,300	• 매출환입	₩50
• 매입환출	₩100	• 매출운임	₩80
• 매입운임	₩70	• 매출총이익률	10%

① ₩35 ② ₩103
③ ₩130 ④ ₩175
⑤ ₩247

톺아보기

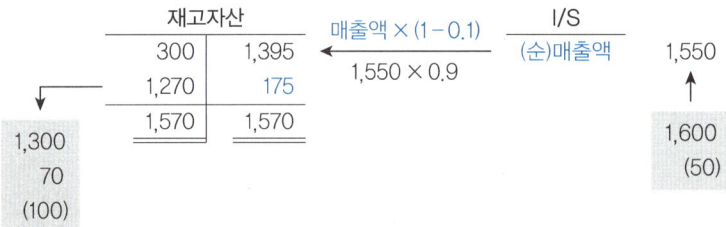

04 (주)한국의 20×1년 초 상품재고는 ₩100,000이고 당기 상품매입액은 ₩400,000이다. (주)한국의 당기 상품매출은 ₩500,000이고 20×1년 말 상품재고가 ₩200,000일 때, 20×1년 상품매출원가는? (단, 재고자산감모손실과 재고자산평가손실 및 재고자산평가충당금은 없다) 제25회

① ₩100,000 ② ₩200,000
③ ₩300,000 ④ ₩400,000
⑤ ₩500,000

톺아보기

매출원가가 계산되는 재고자산의 기본구조를 확인하는 문제로 (기초재고 + 당기순매입액 − 기말재고)을 활용해서 풀이한다.

재고자산	
100,000	300,000
400,000	200,000
500,000	500,000

05 다음 자료를 이용하여 계산한 총매출액은? 제26회

• 기초상품재고	₩6,000	• 매출에누리	₩1,500
• 총매입액	₩14,000	• 매출할인	₩2,500
• 매입환출	₩1,000	• 매출운임	₩3,000
• 매입할인	₩2,000	• 매출총이익률	20%
• 기말상품재고	₩9,000		

① ₩12,500
② ₩12,750
③ ₩14,000
④ ₩15,250
⑤ ₩17,000

톺아보기

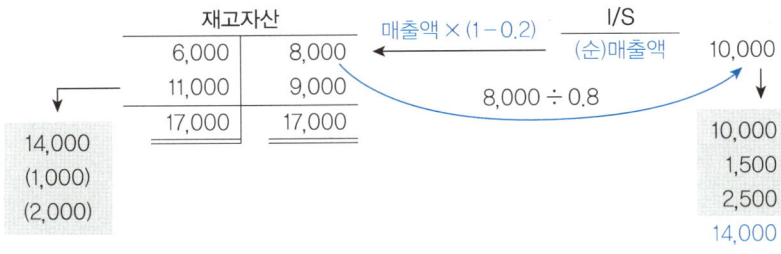

정답 | 03 ④ 04 ③ 05 ③

06 (주)한국의 20×1년 회계자료는 다음과 같다. (주)한국의 20×1년 총매입액은?

제28회

• 기초재고자산	₩40,000	• 총매출액	₩498,000
• 기말재고자산	₩30,000	• 매출할인	₩10,000
• 총매입액	?	• 매출운임	₩5,000
• 매입환출	₩15,000	• 매출에누리	₩8,000
• 매입할인	₩5,000	• 매출총이익	₩70,000

① ₩380,000 ② ₩400,000
③ ₩415,000 ④ ₩420,000
⑤ ₩425,000

톺아보기

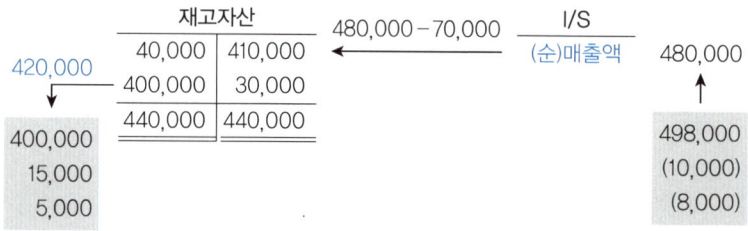

07 다음은 (주)한국의 상품 관련 자료이다. 선입선출법과 가중평균법에 의한 기말재고자산금액은? (단, 실지재고조사법을 적용하며, 기초재고는 없다) 제22회

구분	수량(개)	단위당 원가
매입(1월 2일)	150	₩100
매출(5월 1일)	100	
매입(7월 1일)	350	₩200
매출(12월 1일)	200	
기말 실제재고(12월 31일)	200	

	선입선출법	가중평균법
①	₩34,000	₩34,000
②	₩34,000	₩40,000
③	₩36,000	₩34,000
④	₩40,000	₩34,000
⑤	₩40,000	₩40,000

톺아보기

원가흐름 가정상 선입선출법의 기말재고금액은 가장 나중에 입고된 단가층부터 구성된다.
★ 선입선출법에 의한 기말재고는 현행원가 근사치를 나타내고, 실지재고조사법하의 가중평균법(총평균법)은 기말수량에 총평균단가를 곱한 금액이다.
(1) 선입선출법에 의한 기말재고 = 200개 × ₩200 = ₩40,000
(2) 총평균법에 의한 기말재고 = 200개 × ₩170* = ₩34,000
  * 총평균단가 = [(150개 × ₩100) + (350개 × ₩200)]/500개 = ₩170

정답 | 06 ④ 07 ④

08 다음은 계속기록법을 적용하고 있는 (주)한국의 20×1년 재고자산에 대한 거래내역이다. 선입선출법을 적용한 경우의 매출원가는? 제23회

일자	적요	수량(개)	단위당 원가
1월 1일	기초재고	100	₩11
5월 1일	판매	30	
7월 1일	매입	50	₩20
8월 1일	판매	90	
11월 1일	매입	150	₩30
12월 1일	판매	140	

① ₩1,200
② ₩2,860
③ ₩5,400
④ ₩5,800
⑤ ₩6,160

톺아보기

★ 선입선출법은 먼저 입고된 단가층부터 출고된다는 가정이므로 판매수량에 대하여 먼저 입고된 단가층부터 대응하여 계산한다.
(1) 20×1년 매출원가 = 판매수량 × 단위당 원가(선입선출법)
  = (100개 × ₩11) + (50개 × ₩20) + (110개 × ₩30) = ₩5,400
(2) 판매수량 = 30개 + 90개 + 140개 = 260개

일자	적용	수량(단위)	단위당 원가	
1월 1일	기초재고	~~100~~	₩11	100 × ₩11 = 1,100
5월 1일	판매	(30)		
7월 1일	매입	~~50~~	₩20	50 × ₩20 = 1,000
8월 1일	판매	(90)		
11월 1일	매입	150	₩30	110 × ₩30 = 3,300
12월 1일	판매	(140)		5,400
		260		

09 실지재고조사법을 적용하고 있는 (주)한국의 20×1년 재고자산 관련 자료가 다음과 같을 때, 가중평균법에 의한 기말재고자산은? (단, 재고자산평가손실은 없다)

제24회

일자	적요	수량(개)	단위당 원가
1월 1일	기초재고	90	₩10
3월 1일	판매	40	
5월 1일	매입	150	₩14
8월 1일	판매	100	
10월 1일	매입	120	₩20
12월 1일	판매	150	
12월 31일	기말재고	70	

① ₩1,027
② ₩1,043
③ ₩1,050
④ ₩1,177
⑤ ₩1,400

톺아보기

실지재고조사법하에서 가중평균법을 적용하므로 총평균법에 의한 기말재고자산의 계산을 묻는 문제이다.

(1) 총평균단가 = [(90개 × ₩10) + (150개 × ₩14) + (120개 × ₩20)] ÷ 360개* = @₩15
  * 판매가능수량 = 90개 + 150개 + 120개 = 360개
(2) 기말재고자산 = 기말재고수량 × 총평균단가
        = 70개 × @₩15 = ₩1,050

일자	적용	수량(단위)	단위당 원가	
1월 1일	기초재고	90	₩10	₩900
3월 1일	판매	40		
5월 1일	매입	150	₩14	₩2,100
8월 1일	판매	100		
10월 1일	매입	120	₩20	₩2,400
12월 1일	판매	150		₩5,400 ÷ 360 = @₩15
12월 31일	기말재고	70		70 × ₩15 = ₩1,050

정답 | 08 ③　09 ③

(주)한국의 20×1년 재고자산 매입과 매출에 관한 자료는 다음과 같다.

일자	적요	수량(개)	단위당 원가
1월 1일	기초재고	20	₩100
3월 1일	매입	50	₩110
6월 1일	매출	40	
9월 1일	매입	80	₩120
12월 1일	매출	30	

(주)한국이 계속기록법을 적용하면서 선입선출의 단위원가결정방법을 사용할 때, 20×1년 기말재고자산은? (단, 장부상 재고수량과 실지재고수량은 일치하며, 재고자산평가손실은 없다)

제25회

① ₩8,700
② ₩9,120
③ ₩9,320
④ ₩9,600
⑤ ₩9,700

톺아보기

★ 계속기록법을 적용하면서 선입선출의 단위원가결정방법을 사용하는 경우 기말재고자산은 최근에 구입한 단가층과 기말재고수량의 곱이 되어 현행원가 근사치를 나타낸다.
(1) 기말재고수량 = 20개 + 50개 − 40개 + 80개 − 30개 = 80개
(2) 기말재고금액 = 기말재고수량 × 단가(선입선출법)
    = 80개 × ₩120 = ₩9,600

일자	적용	수량(단위)	단위당 원가	
1월 1일	기초재고	~~20~~	₩100	
3월 1일	매입	~~50~~	₩110	
6월 1일	매출	㊵		
9월 1일	매입	80	₩120	80 × ₩120 = 9,600
12월 1일	매출	㉚		

11 상중하

(주)한국의 20×1년 재고자산 관련 자료는 다음과 같다. (주)한국은 재고자산의 장부기록방법으로는 계속기록법, 단위원가결정방법으로는 선입선출법을 적용하고 있다. (주)한국의 20×1년 매출총이익은? (단, 재고자산감모손실과 재고자산평가손실은 없다)

제28회

일자	적요	수량(단위)	단위당 원가	단위당 판매가격
1월 1일	기초재고	100	₩50	
4월 1일	매입	150	₩60	
6월 1일	매출	200		₩100
9월 1일	매입	100	₩65	
11월 1일	매입	150	₩70	
12월 1일	매출	100		₩120

① ₩13,750 ② ₩14,000
③ ₩14,750 ④ ₩17,250
⑤ ₩18,600

톺아보기

(1) 매출액 = (200 × ₩100) + (100 × ₩120) = ₩32,000
(2) 매출원가 = (100 × ₩50) + (150 × ₩60) + (50 × ₩65) = ₩17,250
(3) 매출총이익 = 매출액 − 매출원가
             = ₩32,000 − ₩17,250 = ₩14,750

정답 | 10 ④ 11 ③

12 상중하

(주)한국의 20×1년 재고자산 관련 자료는 다음과 같다. 가중평균(평균원가)소매재고법에 따라 측정된 (주)한국의 20×1년 기말재고자산 장부금액은? (단, 재고자산감모손실과 재고자산평가손실은 없다) 제28회

구분	원가	판매가격
기초재고액	₩90,000	₩100,000
당기매입액	₩630,000	₩900,000
매출액		₩800,000

① ₩140,000
② ₩144,000
③ ₩160,000
④ ₩180,000
⑤ ₩224,000

톺아보기

	원가		
기초	₩90,000	기말재고	₩144,000
매입	₩630,000		

	매가		
기초	₩100,000	매출액	₩800,000
매입	₩900,000		
		기말재고	₩200,000
	1,000,000		1,000,000

원가율 $= \dfrac{720,000}{1,000,000} = 72\%$

13 상중하

외상판매만을 수행하는 (주)한국은 20×1년 12월 31일 화재로 인해 창고에 있던 상품을 전부 소실하였다. (주)한국의 매출채권회전율은 500%이고, 매출총이익률은 30%로 매년 동일하다. 20×1년 (주)한국의 평균매출채권은 ₩600,000이고 판매가능상품(기초재고와 당기순매입액의 합계)이 ₩2,650,000인 경우, 20×1년 12월 31일 화재로 소실된 상품추정액은?   제24회

① ₩350,000
② ₩400,000
③ ₩450,000
④ ₩500,000
⑤ ₩550,000

톺아보기

매출총이익률을 이용하여 화재손실액을 구하는 문제로, 매출액을 매출채권회전율을 통해 먼저 계산해야 한다.

(1) 매출액의 계산
  매출채권회전율 = 매출액 ÷ 평균매출채권 = 매출액 ÷ ₩600,000 = 500%
  ∴ 매출액 = ₩3,000,000

(2) 화재손실액의 계산
  ㉠ 기말재고 추정액 = 판매가능상품(기초재고 + 당기순매입액) − 매출원가
              = ₩2,650,000 − [₩3,000,000 × (1 − 0.3)]
              = ₩550,000
  ㉡ 화재손실액 = 기말재고 추정액 − 처분가치가 존재하는 재고자산
    화재로 상품이 모두 소실되어 처분가치가 존재하는 재고자산은 없으므로 기말재고 추정액이 화재손실액이 된다.
    ∴ 화재손실액 = ₩550,000 − ₩0 = ₩550,000

정답 | 12 ② 13 ⑤

14

(주)한국이 창고에 보관하던 상품이 20×1년 중에 발생한 화재로 인하여 전부 소실되었다. 20×0년과 20×1년의 상품거래와 관련한 자료가 다음과 같을 때, 20×1년에 화재로 인해 소실된 것으로 추정되는 상품의 원가는? [단, (주)한국의 상품매출은 모두 신용매출이며, 상품 외의 재고자산은 없음]

제25회

- (주)한국의 20×0년 신용매출액과 평균매출채권을 이용하여 계산한 매출채권회전율은 5회이며, 매출원가와 평균재고자산을 이용하여 계산한 재고자산회전율은 4회였다.
- (주)한국의 20×0년 매출총이익률은 20%이다.
- (주)한국의 20×0년 초 매출채권과 상품의 잔액은 각각 ₩500과 ₩200이었으며, 20×0년 말 매출채권 잔액은 ₩700이다.
- 20×1년 초부터 화재발생 시점까지 (주)한국의 상품매입액과 매출액은 각각 ₩3,000과 ₩3,500이었으며, 매출총이익률은 20×0년과 동일하다.

① ₩600　　　　　　　　② ₩1,000
③ ₩1,200　　　　　　　　④ ₩1,800
⑤ ₩2,400

톺아보기

- 매출채권회전율 = $\dfrac{매출액}{평균매출채권}$ = 5

  = $\dfrac{3,000^{2)}}{600^{1)}}$ = 5

- 재고자산회전율 = $\dfrac{매출원가}{평균재고자산}$ = 4

  = $\dfrac{2,400}{600}$ = 4

1) $\dfrac{기초매출채권(₩500) + 기말매출채권(₩700)}{2}$ = ₩600
2) 600 × 5 = ₩3,000
3) 매출액(₩3,000) × 0.8 = 매출원가(₩2,400)

- 평균재고자산 = $\dfrac{기초재고 + 기말재고}{2}$

  600 = $\dfrac{200 + 기말}{2}$

  1,200 = 200 + 기말

∴ 기말재고: ₩1,000

15 (주)한국은 실지재고조사법을 적용하고 있다. 20×1년 8월 2일 폭우로 창고가 침수되어 보관 중인 상품이 모두 소실되었다. 다음은 (주)한국의 총계정원장과 전년도 포괄손익계산서에서 얻은 자료이다. 전년도의 매출총이익률이 20×1년에도 유지된다고 가정할 때, 20×1년도 재해로 인해 소실된 추정 상품재고액은? 제26회

20×1년 8월 2일 현재 총계정원장 자료		전년도 포괄손익계산서 자료	
• 상품계정 차변잔액	₩30,000	• 매출액	₩900,000
• 매입계정 차변잔액	₩400,000	• 매출원가	₩630,000
• 매입환출계정 대변잔액	₩20,000		
• 매출계정 대변잔액	₩500,000		
• 매출환입계정 차변잔액	₩30,000		

① ₩51,000 ② ₩60,000 ③ ₩80,000
④ ₩81,000 ⑤ ₩101,000

톺아보기

(1) 전년도 매출총이익률 계산
  20×0년도 자료를 활용하여 매출총이익률을 구한다.
  ㉠ 매출총이익 = 매출액 − 매출원가 = ₩900,000 − ₩630,000 = ₩270,000
  ㉡ 매출총이익률 = (₩270,000 ÷ ₩900,000) × 100 = 30%
    문제에서 20×1년에도 이 매출총이익률이 유지된다고 가정했으므로, 20×1년의 예상 매출총이익률은 30%이다.
(2) 20×1년 매출원가 추정
  20×1년의 매출총이익률(30%)을 사용해 20×1년 8월 2일 현재의 매출원가를 추정한다.
  ㉠ 순매출액 = 매출액 − 매출환입 = ₩500,000 − ₩30,000 = ₩470,000
  ㉡ 추정 매출총이익 = 순매출액 × 매출총이익률 = ₩470,000 × 30% = ₩141,000
  ㉢ 추정 매출원가 = 순매출액 − 추정 매출총이익 = ₩470,000 − ₩141,000 = ₩329,000
(3) 20×1년 기말상품재고액 추정
  ㉠ 기초상품재고액: ₩30,000
  ㉡ 당기순매입액 = 매입액 − 매입환출 = ₩400,000 − ₩20,000 = ₩380,000
  ㉢ 추정 매출원가: ₩329,000[(2)에서 계산한 값]
    ₩30,000 + ₩380,000 = ₩329,000 + 기말상품재고액
    ₩410,000 = ₩329,000 + 기말상품재고액
  ㉣ 기말상품재고액 = ₩410,000 − ₩329,000 = ₩81,000
따라서, 재해로 인해 소실된 추정 상품재고액은 ₩81,000이다.

정답 | 14 ③ 15 ④

16

(주)한국은 20×1년 12월 31일 창고에 보관하고 있던 상품 전부가 폭우로 인해 소실되었다. (주)한국의 20×1년 기초상품금액은 ₩5,000, 당기상품매입액은 ₩140,000, 매출액은 ₩150,000이다. (주)한국은 원가에 원가의 25%에 해당하는 이윤을 가산한 금액을 판매가격으로 책정하고 있다. 20×1년 12월 31일 폭우로 인해 소실된 상품추정액은? [단, (주)한국은 상품을 모두 창고에 보관한다]   제28회

① ₩5,000
② ₩20,000
③ ₩25,000
④ ₩31,250
⑤ ₩32,500

톺아보기

재고자산	
5,000	120,000 ← 150,000 ÷ 1.25
140,000	25,000
145,000	145,000

17

(주)한국의 기초재고자산은 ₩80,000이고, 당기순매입액은 ₩120,000이다. 기말재고 관련 자료가 다음과 같을 때, 매출원가는? (단, 정상감모손실은 매출원가로, 비정상감모손실은 기타비용으로 처리한다)   제22회

• 장부상 재고수량	300개
• 기말재고 단위당 원가	₩200
• 실제재고수량	250개
• 재고자산감모의 20%는 정상적인 감모로 간주한다.	

① ₩148,000
② ₩142,000
③ ₩140,000
④ ₩138,000
⑤ ₩132,000

톺아보기

★ 재고자산감모손실은 수량부족분에 대한 취득원가로 당기비용으로 처리한다. 본 문제의 경우 재고자산감모손실 중에서 정상적인 감모손실만 매출원가에 포함되므로 비정상감모손실은 매출원가 계산시 제외하기 위해 차감한다.

수정된 매출원가 = 기초재고 + 당기순매입액 − 실제기말재고 − 비정상감모손실
= ₩80,000 + ₩120,000 − (250개 × ₩200) − ₩8,000 = ₩142,000

(1) 재고자산감모손실 = (장부수량 − 실제수량) × 장부상 취득단가
= (300개 − 250개) × ₩200 = ₩10,000

(2) 비정상감모손실 = 재고자산감모손실 × (1 − 정상감모손실 비율)
= ₩10,000 × (1 − 0.2) = ₩8,000

재고자산	
₩80,000	₩142,000
₩120,000	② 50개 × ₩200 = ₩10,000(₩8,000)
	① 250개 × ₩200 = ₩50,000

---

18 (주)한국은 재고자산감모손실 중 40%는 비정상감모손실(기타비용)로 처리하며, 정상감모손실과 평가손실은 매출원가에 포함한다. (주)한국의 20×1년 재고자산 관련 자료가 다음과 같을 때, 매출원가는? **제25회**

- 기초재고자산   ₩10,000(재고자산평가충당금 ₩0)
- 당기매입액   ₩80,000
- 기말장부수량   20개(단위당 원가 ₩1,000)
- 기말실제수량   10개(단위당 순실현가능가치 ₩1,100)

① ₩74,000   ② ₩74,400   ③ ₩76,000
④ ₩76,600   ⑤ ₩88,000

톺아보기

정상감모손실과 평가손실이 매출원가에 포함되는 경우 수정된 매출원가를 묻는 문제이다.

(1) 재고자산감모손실 = (20개 − 10개) × ₩1,000 = ₩10,000(비정상 40%: ₩4,000)

(2) 수정된 매출원가 = 기초재고액 + 당기매입액 − 실제재고 − 비정상감모손실
= ₩10,000 + ₩80,000 − (10개 × ₩1,000) − ₩4,000 = ₩76,000

재고자산	
₩10,000	₩76,000
₩80,000	② 10개 × ₩1,000 = ₩10,000(₩4,000)
	① 10개 × ₩1,000 = ₩10,000

정답 | 16 ③   17 ②   18 ③

19

재고자산의 회계처리에 관한 설명으로 옳지 않은 것은? 제25회

① 재고자산은 취득원가와 순실현가능가치 중 낮은 금액으로 측정한다.
② 통상적으로 상호 교환될 수 없는 재고자산항목의 원가와 특정 프로젝트별로 생산되고 분리되는 재화의 원가는 개별법을 사용하여 결정한다.
③ 재고자산의 취득원가는 매입원가, 전환원가 및 재고자산을 현재의 장소에 현재의 상태로 이르게 하는 데 발생한 기타 원가 모두를 포함한다.
④ 완성될 제품이 원가 이상으로 판매될 것으로 예상하는 경우에는 그 생산에 투입하기 위해 보유하는 원재료 및 기타 소모품을 감액하지 아니한다.
⑤ 재고자산의 매입원가는 매입가격에 매입할인, 리베이트 및 기타 유사한 항목을 가산한 금액이다.

톺아보기

재고자산의 매입원가는 매입가격에 매입할인, 리베이트 및 기타 유사한 항목을 차감한 금액이다.

20

재고자산 회계처리에 관한 설명으로 옳지 않은 것은? 제23회

① 재고자산의 취득원가는 매입원가, 전환원가 및 재고자산을 현재의 장소에 현재의 상태로 이르게 하는 데 발생한 기타 원가 모두를 포함한다.
② 재고자산을 순실현가능가치로 감액하는 저가법은 항목별로 적용한다.
③ 재고자산을 순실현가능가치로 감액한 평가손실과 모든 감모손실은 감액이나 감모가 발생한 기간에 비용으로 인식한다.
④ 도착지인도기준의 미착상품은 판매자의 재고자산으로 분류한다.
⑤ 기초재고수량과 기말재고수량이 같다면, 선입선출법과 가중평균법을 적용한 매출원가는 항상 같게 된다.

톺아보기

⑤ 선입선출법과 가중평균법은 단가결정방법이므로 매입시 단가가 다른 경우 매출원가에 적용되는 단가가 다르게 된다.
★ ① 표준원가법이나 소매재고법은 실제원가와 유사한 경우 편의상 사용이 가능하다.
★ ② 재고자산을 순실현가능가치로 감액하는 저가법은 항목별로 적용한다. 비슷하거나 관련된 항목을 통합(조별 기준)하여 적용가능하나 총계 기준은 허용하지 않는다.
★ ③ 재고자산평가손실과 재고자산감모손실은 감액이나 감모가 발생한 기간에 비용으로 인식한다. 모두 비용항목이므로 당기순이익을 감소시킨다.
★ ④ 판매자의 입장에서는 미판매분이므로 수익(매출)이 발생한 것이 아니고, 구매자의 경우 도착하지 않았으므로 재고자산에 포함되지 않는다.

21 재고자산에 관한 설명으로 옳은 것은?

제27회

① 재고자산은 취득원가와 순실현가능가치 중 높은 금액으로 측정한다.
② 개별법이 적용되지 않는 재고자산의 단위원가는 선입선출법, 가중평균법 및 후입선출법을 사용하여 결정한다.
③ 재고자산의 수량결정방법 중 실지재고조사법만 적용시 파손이나 도난이 있는 경우 매출원가가 과소평가 될 수 있는 문제점이 있다.
④ 부동산매매를 주된 영업활동으로 하는 부동산매매기업이 보유하고 있는 판매목적의 건물과 토지는 재고자산으로 분류되어야 한다.
⑤ 물가가 지속적으로 상승하고 재고청산이 발생하지 않는 경우, 선입선출법의 매출원가가 다른 방법에 비해 가장 크게 나타난다.

톺아보기

오답해설
★ ① 재고자산은 취득원가와 순실현가능가치 중 낮은 금액으로 측정한다.
★ ② 개별법이 적용되지 않는 재고자산의 단위원가는 선입선출법, 가중평균법을 사용하여 결정한다.
★ ③ 재고자산의 수량결정방법 중 실지재고조사법만 적용시 파손이나 도난이 있는 경우 기말재고가 과소평가 될 수 있는 문제점이 있다.
★ ⑤ 물가가 지속적으로 상승하고 재고청산이 발생하지 않는 경우, 선입선출법의 기말재고는 다른 방법에 비해 크게 나타난다.

정답 | 19 ⑤ 20 ⑤ 21 ④

제7장 / 유형자산

기본서 p.216~242

01 상중하

(주)한국은 본사 신축을 위해 기존 건물이 있는 토지를 ₩500,000에 구입하였으며, 기타 발생한 원가는 다음과 같다. (주)한국의 토지와 건물의 취득원가는?

제22회

- 구건물이 있는 토지를 취득하면서 중개수수료 ₩4,000을 지급하였다.
- 구건물 철거비용으로 ₩5,000을 지급하였으며, 철거시 발생한 폐자재를 ₩1,000에 처분하였다.
- 토지측량비와 정지비용으로 ₩2,000과 ₩3,000이 각각 발생하였다.
- 신축건물 설계비로 ₩50,000을 지급하였다.
- 신축건물 공사비로 ₩1,000,000을 지급하였다.
- 야외주차장(내용연수 10년) 공사비로 ₩100,000을 지출하였다.

	토지	건물		토지	건물
①	₩509,000	₩1,000,000	②	₩509,000	₩1,050,000
③	₩513,000	₩1,050,000	④	₩513,000	₩1,150,000
⑤	₩514,000	₩1,150,000			

톺아보기

★ (1) 신축을 위해 기존 건물이 있는 토지를 구입한 경우이므로 구입대금은 모두 토지의 취득원가에 포함하며, 순철거비(철거비 - 폐자재 매각수익)는 토지의 원가에 가산한다.

★ (2) 토지측량비와 정지비용은 토지를 사용 가능하게 하기 위한 비용이므로 취득원가에 포함한다.

★ (3) 건물의 취득원가는 신축과 관련하여 발생된 원가이며, 주차장 공사비는 토지와 건물의 원가가 아닌 별도의 계정으로 회계처리해야 하므로 토지와 건물의 취득원가에 고려하지 않는다.

- 토지
  = 구입금액 + 중개수수료 + 순철거비(철거비 - 폐자재 매각수익) + 토지측량비 + 정지비용
  = ₩500,000 + ₩4,000 + (₩5,000 - ₩1,000) + ₩2,000 + ₩3,000 = ₩513,000
- 건물
  = 설계비 + 공사비
  = ₩50,000 + ₩1,000,000 = ₩1,050,000

기계장치 취득과 관련된 자료가 다음과 같을 때, 취득원가는? 제27회

• 구입가격	₩1,050
• 최초의 운송 및 취급 관련 원가	₩100
• 신제품 광고 및 판촉활동 관련 원가	₩60
• 정상작동 여부를 시험하는 과정에서 발생하는 원가	₩100
• 시험가동과정에서 생산된 시제품의 순매각금액	₩20
• 다른 기계장치의 재배치과정에서 발생한 원가	₩50

① ₩1,050
② ₩1,150
③ ₩1,230
④ ₩1,250
⑤ ₩1,340

톺아보기

★ (1) 신제품 광고 및 판촉활동 관련 원가는 비용이므로 취득원가에 포함하지 않는다.
★ (2) 시험가동과정에서 생산된 시제품의 순매각금액은 당기손익으로 회계처리하므로 취득원가에 포함하지 않는다.
★ (3) 다른 기계장치의 재배치과정에서 발생한 원가는 이전비용이므로 취득원가에 포함하지 않는다.

취득원가 = 구입가격 + 최초의 운송 및 취급 관련 원가 + 정상작동 여부를 시험하는 과정에서 발생하는 원가
= ₩1,050 + ₩100 + ₩100
= ₩1,250

정답 | 01 ③ 02 ④

03 20×1년 초 (주)한국은 사무용 건물을 (주)대한의 토지와 교환하면서 추가적으로 현금 ₩3,000을 (주)대한에게 지급하였다. 교환일 현재 건물의 장부금액은 ₩30,000(취득원가 ₩90,000, 감가상각누계액 ₩60,000)이며, 토지의 장부금액은 ₩25,000이다. 교환시 건물의 공정가치는 ₩40,000으로 신뢰성 있게 측정되었다. (주)한국이 자산교환시 인식할 토지의 취득원가는? (단, 동 교환거래는 상업적 성질이 존재하며, 건물의 공정가치가 토지의 공정가치보다 명백하다) 제28회

① ₩25,000
② ₩30,000
③ ₩37,000
④ ₩40,000
⑤ ₩43,000

톺아보기

상업적 실질이 있는 자산교환거래에서, 새로 취득하는 자산의 원가는 제공한 자산의 공정가치에 지급한 현금을 더하여 결정한다.
토지의 취득원가 = 제공한 자산(건물)의 공정가치 + 지급한 현금
= ₩40,000 + ₩3,000 = ₩43,000

04 (주)한국은 20×1년 초 본사건물(내용연수 4년, 잔존가치 ₩0, 정액법 상각, 원가모형 적용)을 ₩100,000에 취득하였다. (주)한국은 20×2년 초 동 건물에 대하여 ₩15,000을 지출하였고, 이는 자산의 인식요건을 충족하며, 동 지출로 인하여 건물의 잔존가치가 ₩3,000 증가하였다. (주)한국이 동 건물과 관련하여 20×2년도에 인식할 감가상각비는? (단, 손상은 발생하지 않았다) 제28회

① ₩25,000
② ₩26,000
③ ₩28,000
④ ₩29,000
⑤ ₩30,000

톺아보기

(1) 20×2년 초 건물의 장부금액 계산
  - 20×1년 감가상각비 = ₩100,000 × 1/4 = ₩25,000
  - 20×2년 초 장부금액(자본적 지출 전) = 취득원가 − 감가상각누계액 = ₩100,000 − ₩25,000 = ₩75,000
(2) 자본적 지출 후 새로운 감가상각 대상 금액 계산
  - 자본적 지출(₩15,000)은 자산의 장부금액에 가산하므로 지출 후 장부금액
    = ₩75,000 + ₩15,000 = ₩90,000
  - 새로운 잔존가치 = ₩3,000
  - 새로운 감가상각 대상 금액 = 새 장부금액 − 새 잔존가치 = ₩90,000 − ₩3,000 = ₩87,000
(3) 20×2년 감가상각비
   [(₩75,000 + ₩15,000) − ₩3,000] × 1/3 = ₩29,000

---

05 잔존가치가 변동하지 않는다고 가정할 때, 자산의 내용연수 동안 매 기간 일정액의 감가상각액을 계상하는 감가상각방법은?   제28회

상 중 **하**

① 정액법
② 정률법
③ 연수합계법
④ 이중체감법
⑤ 체증상각법

톺아보기

정액법이란 직선법이라고도 하며, 감가상각비가 시간과 비례관계에 있다고 보고 매기 동일한 금액을 감가상각비로 인식하는 방법이다.

정답 | 03 ⑤ 04 ④ 05 ①

06 상중하

(주)한국은 20×1년 초에 상환의무가 없는 정부보조금 ₩100,000을 수령하여 기계장치를 ₩200,000에 취득하였으며, 기계장치에 대한 자료는 다음과 같다.

- 내용연수: 5년
- 잔존가치: ₩0
- 감가상각방법: 정액법

정부보조금을 자산의 장부금액에서 차감하는 방법으로 회계처리할 때, 20×1년 말 재무상태표에 표시될 기계장치의 장부금액은? 제23회

① ₩60,000
② ₩80,000
③ ₩100,000
④ ₩160,000
⑤ ₩200,000

톺아보기

★ 정부보조금에 의한 취득시 자산차감법의 경우 감가상각누계액과 같이 정부보조금 미환입액도 관련 유형자산의 차감항목이므로 장부금액 계산시 차감해야 한다.
  (1) 20×1년 말 장부금액 = 취득원가 − 감가상각누계액 − 정부보조금 미환입액
                    = ₩200,000 − ₩40,000* − ₩80,000** = ₩80,000
  (2) 감가상각누계액* = (₩200,000 − ₩0)/5년 = ₩40,000
  (3) 정부보조금 미환입액** = ₩100,000 − (₩100,000 ÷ 5년) = ₩80,000

[간편법]
20×1년 말 장부금액 = (₩200,000 − ₩100,000) × 4/5 = ₩80,000

07 상중하

(주)한국은 20×1년 10월 1일 자산취득 관련 정부보조금 ₩100,000을 수령하여 취득원가 ₩800,000의 기계장치(내용연수 4년, 잔존가치 ₩0, 정액법 상각, 원가모형 적용)를 취득하였다. 정부보조금에 부수되는 조건은 이미 충족되어 상환의무는 없으며, 정부보조금은 자산의 장부금액에서 차감하는 방법으로 회계처리한다. 20×1년 포괄손익계산서에 인식할 감가상각비는? (단, 감가상각비는 월할계산하며, 자본화는 고려하지 않는다) 제25회

① ₩43,750
② ₩45,000
③ ₩46,250
④ ₩47,500
⑤ ₩50,000

톺아보기

정부보조금 수령시 자산차감법에 의한 경우 포괄손익계산서에 계상될 감가상각비를 묻고 있다. 취득원가에 근거한 감가상각비에서 정부보조금 수령액 비율만큼 상계한 금액으로 계산한다.

20×1년 감가상각비 = (₩800,000 − ₩100,000) × 1/4 × 3/12 = ₩43,750

---

08 상중하 (주)한국은 20×1년 초 기계장치(취득원가 ₩180,000, 내용연수 3년, 잔존가치 없음, 연수합계법 적용)를 취득하였다. (주)한국은 기계장치에 대하여 원가모형을 적용하고 있다. 20×1년 말 기계장치의 순공정가치는 ₩74,000이고 사용가치는 ₩70,000이다. (주)한국이 20×1년 말 기계장치와 관련하여 인식해야 할 손상차손은? (단, 20×1년 말 기계장치에 대해 자산손상을 시사하는 징후가 있다) 제22회

① ₩4,000 ② ₩16,000
③ ₩20,000 ④ ₩46,000
⑤ ₩50,000

톺아보기

(1) 손상 직전의 감가상각누계액 = (₩180,000 − ₩0) × 3/6 = ₩90,000
(2) 손상 직전의 장부금액 = 취득원가 − 감가상각누계액
  = ₩180,000 − ₩90,000 = ₩90,000
(3) 손상차손은 손상 직전의 장부금액에서 회수가능액을 차감한 금액이다. 회수가능액은 순공정가치와 사용가치 중 큰 금액이다.
  ∴ 손상차손 = ₩90,000 − Max(₩74,000, ₩70,000) = ₩16,000

정답 | 06 ② 07 ① 08 ②

09

(주)한국은 20×1년 초 토지(유형자산)를 ₩1,000에 취득하여 재평가모형을 적용하였다. 해당 토지의 공정가치가 다음과 같을 때, 토지와 관련하여 (주)한국이 20×2년 당기손익으로 인식할 금액은? 제24회

구분	20×1년 말	20×2년 말
공정가치	₩1,200	₩900

① 손실 ₩300
② 손실 ₩200
③ 손실 ₩100
④ 이익 ₩100
⑤ 이익 ₩200

톺아보기

비상각자산(토지)의 다기간 재평가모형과 관련된 문제로, 최초평가시 평가증(₩200)이고 이후 평가시 평가감(₩300)인 상황이다. 따라서 20×2년 평가감 ₩300 중 최초평가시 인식한 재평가잉여금 ₩200을 먼저 감소시키고 나머지 하락분 ₩100은 재평가손실로 당기손익에 반영한다.

10

(주)한국은 20×1년 초 기계장치(내용연수 5년, 잔존가치 ₩0, 정액법 상각, 매년 말 재평가모형 적용)를 ₩50,000에 취득하여 사용하기 시작하였다. 20×1년 말 기계장치의 공정가치는 ₩45,000일 때, (주)한국이 20×1년 말 인식할 재평가잉여금은? 제25회

① ₩0
② ₩5,000
③ ₩10,000
④ ₩15,000
⑤ ₩20,000

톺아보기

감가상각대상 자산인 기계장치에 대한 재평가잉여금을 묻고 있다. 따라서 재평가 직전 장부금액(취득원가 − 감가상각누계액)을 계산하여 공정가치와 비교하여 계산한다.
(1) 재평가 직전 장부금액 = ₩50,000 − (₩50,000 × 1/5) = ₩40,000
(2) 재평가잉여금 = ₩45,000 − ₩40,000 = ₩5,000

11 (상중하)

(주)한국은 20×1년 초 토지(유형자산)를 ₩70,000에 취득하였다. (주)한국은 토지에 대하여 재평가모형을 적용하고 매년 말 재평가한다. 동 토지의 공정가치가 다음과 같을 경우, (주)한국이 동 토지와 관련하여 20×2년 말 재무상태표의 기타포괄손익누계액으로 인식할 재평가잉여금은? (단, 손상은 발생하지 않았다) 제28회

구분	20×1년 말	20×2년 말
공정가치	₩65,000	₩80,000

① ₩0
② ₩5,000
③ ₩8,000
④ ₩10,000
⑤ ₩15,000

톺아보기

최초평가시 평가감(장부금액 > 공정가치)
(1) 최초평가시 장부금액보다 공정가치가 감소한 경우
  그 감소액은 재평가손실(당기손익)로 인식하여 즉시 비용 처리한다.
(2) 최초평가시 평가감 이후 평가증이 발생한 경우
  • 전기 이전에 인식한 재평가손실만큼 재평가이익(당기손익)을 인식한다.
  • 초과액은 재평가잉여금(기타포괄손익)으로 인식한다.

정답 | 09 ③ 10 ② 11 ④

12

다음은 (주)한국의 기계장치 관련 내용이다. 유형자산처분손익은? (단, 기계장치는 원가모형을 적용하고, 감가상각비는 월할계산한다)   제22회

- 취득(20×1년 1월 1일): 취득원가 ₩2,000,000, 내용연수 5년, 잔존가치 ₩400,000, 정액법 적용
- 처분(20×3년 7월 1일): 처분금액 ₩1,100,000

① ₩100,000 이익
② ₩100,000 손실
③ ₩300,000 이익
④ ₩400,000 이익
⑤ ₩400,000 손실

톺아보기

(1) 처분 직전의 감가상각누계액: 월할상각
   = (₩2,000,000 − ₩400,000) × 2.5/5 = ₩800,000
(2) 유형자산의 처분손익은 순매각금액에서 처분 직전 장부금액(취득원가 − 감가상각누계액)을 차감한 금액이다. 다만, 기중처분의 경우 감가상각의 계산시 월할상각에 주의하도록 한다.
   ∴ 유형자산처분손익 = 순매각금액 − 처분 직전 장부금액
               = ₩1,100,000 − (₩2,000,000 − ₩800,000) = ₩100,000 처분손실

13

(주)한국은 20×1년 초 취득하여 사용하던 기계장치(내용연수 6년, 잔존가치 ₩0, 정액법 상각)를 20×3년 초 처분하면서 현금 ₩5,500을 수취하고 유형자산처분손실 ₩500을 인식하였다. 기계장치의 취득원가는? (단, 원가모형을 적용하며, 손상은 발생하지 않았다)   제24회

① ₩5,000
② ₩6,000
③ ₩7,500
④ ₩9,000
⑤ ₩10,000

톺아보기

(1) 20×3년 초 유형자산처분손실 = 처분금액 − 처분 직전 장부금액
                  = ₩5,500 − 처분 직전 장부금액(㉠) = ₩500 처분손실
   ∴ 처분 직전 장부금액(㉠) = ₩6,000
(2) 처분 직전 장부금액 = [취득원가(㉡) − ₩0] × 4/6 = ₩6,000
   ∴ 취득원가(㉡) = ₩9,000

14

(주)한국은 20×1년 초 취득하고 즉시 사용한 기계장치(정액법 상각, 내용연수 4년, 잔존가치 ₩2,000, 원가모형 선택)를 20×4년 초 현금 ₩16,000에 처분하면서 유형자산처분이익 ₩1,500을 인식하였을 때, 기계장치의 취득원가는? (단, 손상 및 추가지출은 없다) 제27회

① ₩50,000　　② ₩52,000
③ ₩54,000　　④ ₩56,000
⑤ ₩58,000

톺아보기

유형자산처분손익 = 순처분금액 − (직전) 장부금액
　₩1,500　　₩16,000　　₩14,500

₩14,500 → 3년간 사용한 후 장부금액
(₩2,000) → 감가되지 않는 부분을 차감
₩12,500
↑
매년의 감가액

감가누계액 = ₩12,500 × 4년 = ₩50,000 + ₩2,000 = ₩52,000

15

취득과 직접 관련된 차입원가를 자본화하여야 하는 적격자산이 아닌 것은? 제25회

① 금융자산　　② 무형자산
③ 투자부동산　　④ 제조설비자산
⑤ 전력생산설비

톺아보기

★ 금융자산이나 생물자산과 같이 최초 인식시점에 공정가치나 순공정가치로 측정하는 자산은 적격자산에 해당하지 않는다. 단기간 내에 제조되거나 다른 방법으로 생산되는 재고자산은 적격자산에 해당되지 아니한다. 또한 취득시점에 의도된 용도로 사용할 수 있거나 판매 가능한 상태에 있는 자산인 경우에도 적격자산에 해당되지 아니한다.

정답 | 12 ② 　13 ④ 　14 ② 　15 ①

16 유형자산의 회계처리에 관한 설명으로 옳은 것은?

제23회

① 기업이 판매를 위해 1년 이상 보유하며, 물리적 실체가 있는 것은 유형자산으로 분류된다.
② 유형자산과 관련된 산출물에 대한 수요가 형성되는 과정에서 발생하는 초기 가동손실은 취득원가에 포함한다.
③ 유형자산의 제거로 인하여 발생하는 손익은 총매각금액과 장부금액의 차이로 결정한다.
④ 기업은 유형자산 전체에 원가모형이나 재평가모형 중 하나를 회계정책으로 선택하여 동일하게 적용한다.
⑤ 유형자산의 감가상각방법과 잔존가치, 그리고 내용연수는 적어도 매 회계연도 말에 재검토한다.

톺아보기

오답해설

★ ① 유형자산은 판매 목적이 아니라 영업활동에 사용할 목적으로 보유한다.
★ ② 유형자산과 관련된 산출물에 대한 수요가 형성되는 과정에서 발생하는 초기 가동손실은 취득원가에 포함하지 않는 항목이다.
★ ③ 총매각금액이 아니라 순매각금액과 장부금액의 차이로 결정한다.
★ ④ 기업은 유형자산 분류별로 원가모형이나 재평가모형 중 하나를 회계정책으로 선택하여 동일하게 적용한다.

17 유형자산에 관한 설명으로 옳지 않은 것은? 제26회

① 새로운 시설을 개설하는 데 소요되는 원가는 유형자산의 취득원가에 포함되지 않는다.
② 기업의 영업 전부를 재배치하는 과정에서 발생하는 원가는 유형자산의 장부금액에 포함하지 않는다.
③ 유형자산의 감가상각액은 다른 자산의 장부금액에 포함될 수 있다.
④ 사용중인 유형자산의 정기적인 종합검사에서 발생하는 원가는 모두 당기비용으로 처리한다.
⑤ 유형자산에 내재된 미래경제적 효익의 예상 소비형태가 유의적으로 달라졌다면 감가상각법을 변경한다.

톺아보기

★ ④ 유형자산의 인식기준을 충족하는 종합검사원가는 유형자산의 장부금액에 포함하여 인식한다.
★ ① 다른 활동의 원가인 새로운 시설을 개설하는 데 소요되는 원가는 유형자산의 취득원가에 포함되지 않는다.
★ ② 재배치 관련 원가인 기업의 영업 전부를 재배치하는 과정에서 발생하는 원가는 유형자산의 장부금액에 포함하지 않는다.
★ ③ 제조와 관련된 유형자산의 감가상각액은 제조원가에 포함되어 다른 자산의 장부금액에 포함될 수 있다.
★ ⑤ 유형자산에 내재된 미래경제적 효익의 예상 소비형태가 유의적으로 달라졌다면 감가상각법을 변경하며, 회계추정의 변경에 해당된다. 회계추정의 변경은 전진법에 의해 회계처리한다.

정답 | 16 ⑤ 17 ④

18 유형자산의 회계처리에 관한 설명으로 옳은 것은? 제27회

① 자산을 해체, 제거하거나 부지를 복구하는 의무를 부담하게 하는 경우 의무이행에 소요될 것으로 최초에 추정되는 원가를 취득시 비용으로 처리한다.
② 정기적인 종합검사과정에서 발생하는 원가가 인식기준을 충족하더라도 유형자산의 일부가 대체되는 것은 해당 유형자산의 장부금액에 포함하지 않는다.
③ 적격자산의 취득, 건설 또는 생산과 직접 관련된 차입원가는 발생기간에 비용으로 인식하여야 한다.
④ 재평가모형을 적용하는 유형자산의 손상차손은 해당 자산에서 생긴 재평가잉여금에 해당하는 금액까지는 기타포괄손익으로 인식한다.
⑤ 상업적 실질이 결여된 교환거래에서 취득한 자산의 취득원가는 제공한 자산의 공정가치로 측정한다.

톺아보기

㉠ 손상차손 처리: 유형자산에 대한 손상차손이 발생했을 때, 해당 자산과 관련하여 과거에 인식했던 재평가잉여금 잔액이 있다면, 그 금액까지는 기타포괄손익으로 인식하여 재평가잉여금을 감소시킨다.
㉡ 재평가잉여금 초과분: 만약 손상차손이 재평가잉여금을 초과하는 경우에는, 초과분은 당기손익으로 인식하여야 한다.
㉢ 회복시 처리: 반대로 손상차손이 회복될 때는, 당기손익으로 인식했던 금액은 회복 시점에 당기손익으로 인식하고, 기타포괄손익으로 인식했던 금액은 기타포괄손익으로 인식하여 재평가잉여금을 증가시킨다.

오답해설
① 해체, 제거, 복구의무와 관련된 원가는 유형자산의 취득원가에 포함해야 하며, 취득시에 비용으로 처리하지 않는다. 이는 자산의 내용연수에 걸쳐 감가상각된다.
② 종합검사에서 교체되는 부품이나 주요 부분의 원가는 자산 인식기준을 충족하는 경우, 유형자산의 장부금액에 포함시켜야 한다. 이 경우, 대체된 기존 부품의 장부금액은 제거해야 한다.
③ 적격자산과 직접 관련된 차입원가는 발생기간에 비용으로 인식하는 것이 아니라, 해당 자산의 취득원가에 포함하여 자본화해야 한다.
⑤ 상업적 실질이 결여된 교환거래에서 취득한 자산의 취득원가는 제공한 자산의 장부금액으로 측정해야 한다. 공정가치를 사용하는 경우는 상업적 실질이 있는 교환거래이다.

정답 | 18 ④

제8장 / 무형자산

01 연구개발활동 중 개발활동에 해당하는 것은? 제24회

① 새로운 지식을 얻고자 하는 활동
② 생산이나 사용 전의 시제품과 모형을 설계, 제작, 시험하는 활동
③ 연구결과나 기타 지식을 탐색, 평가, 최종 선택, 응용하는 활동
④ 재료, 장치, 제품, 공정, 시스템이나 용역에 대한 여러 가지 대체안을 탐색하는 활동
⑤ 새롭거나 개선된 재료, 장치, 제품, 공정, 시스템이나 용역에 대한 여러 가지 대체안을 제안, 설계, 평가, 최종 선택하는 활동

톺아보기

★ 생산이나 사용 전의 시제품과 모형을 설계, 제작, 시험하는 활동은 개발활동에 해당하며, 나머지는 모두 연구활동에 해당된다.

정답 | 01 ②

02 상중하

20×1년 초 (주)한국은 현금 ₩12,000을 이전대가로 지급하고 (주)대한을 합병하였다. 합병일 현재 (주)대한의 식별가능한 자산과 부채의 공정가치가 다음과 같을 때, (주)한국이 인식할 영업권은?   제27회

• 매출채권	₩4,000	• 비유동부채	₩7,000
• 재고자산	₩7,000	• 매입채무	₩5,000
• 유형자산	₩9,000		

① ₩3,000   ② ₩4,000
③ ₩5,000   ④ ₩7,000
⑤ ₩8,000

톺아보기

(차변) 자산	20,000	(대변) 부채	12,000
영업권	4,000	현금	12,000

03 상중하

(주)한국은 20×1년 7월 1일 특허권을 ₩960,000(내용연수 4년, 잔존가치 ₩0)에 취득하여 사용하고 있다. 특허권의 경제적 효익이 소비될 것으로 예상되는 형태를 신뢰성 있게 결정할 수 없을 경우, 20×1년도에 특허권에 대한 상각비로 인식할 금액은? (단, 특허권은 월할상각한다)   제23회

① ₩0   ② ₩120,000
③ ₩125,000   ④ ₩240,000
⑤ ₩250,000

톺아보기

'특허권의 경제적 효익이 소비될 것으로 예상되는 형태를 신뢰성 있게 결정할 수 없을 경우'라는 단서가 있으므로 무형자산 상각방법은 정액법에 의해 계산한다. 또한 취득 및 사용이 20×1년 7월 1일이므로 20×1년도 특허권에 대한 상각비는 7월 1일부터 12월 31일까지에 해당하는 월할상각(6/12)을 해야 한다.
특허권 상각비 = ₩960,000 × 1/4 × 6/12 = ₩120,000

04 무형자산에 관한 설명으로 옳지 않은 것은? 제22회

① 무형자산은 물리적 실체는 없지만 식별 가능한 화폐성 자산이다.
② 내부적으로 창출된 영업권은 자산으로 인식하지 아니한다.
③ 무형자산의 회계정책으로 원가모형이나 재평가모형을 선택할 수 있다.
④ 최초에 비용으로 인식한 무형항목에 대한 지출은 그 이후에 무형자산의 취득원가로 인식할 수 없다.
⑤ 내용연수가 유한한 무형자산은 상각하고, 내용연수가 비한정인 무형자산은 상각하지 아니한다.

톺아보기

★ ① 무형자산은 화폐성 자산이 아니라 비화폐성 자산이다.
★ ② 내부적으로 창출된 영업권은 자산으로 인식하지 아니하고 유상으로 취득한 영업권만 자산으로 인식한다.
★ ③ 후속측정은 원가모형과 재평가모형을 선택할 수 있다.
★ ④ 최초에 비용으로 인식한 무형항목에 대한 지출은 그 이후에 무형자산의 취득원가로 인식할 수 없다. 즉, 소급적용하지 않는다.
★ ⑤ 내용연수가 유한한 무형자산은 상각하고, 내용연수가 비한정인 무형자산은 상각하지 아니한다. 또한 비한정 내용연수의 유한 내용연수 변경은 회계추정의 변경에 해당된다.

정답 | 02 ② 03 ② 04 ①

제9장 / 투자부동산

기본서 p.272~277

01 상중하

투자부동산에 해당하는 것을 모두 고른 것은? 제26회

㉠ 통상적인 영업과정에서 판매 목적이 아닌, 장기 시세차익을 얻기 위하여 보유하고 있는 토지
㉡ 미래에 자가사용하기 위한 토지
㉢ 장래 용도를 결정하지 못한 채로 보유하고 있는 토지
㉣ 금융리스로 제공한 토지

① ㉠, ㉡
② ㉠, ㉢
③ ㉡, ㉣
④ ㉠, ㉢, ㉣
⑤ ㉡, ㉢, ㉣

톺아보기

★ 자가사용 부동산과 금융리스로 제공한 부동산은 투자부동산에 해당되지 않는다.

02 상중하

(주)한국은 20×1년 초 시세차익 목적으로 건물(취득원가 ₩80,000, 내용연수 4년, 잔존가치 없음)을 취득하고 투자부동산으로 분류하였다. (주)한국은 건물에 대하여 공정가치모형을 적용하고 있으며, 20×1년 말과 20×2년 말 동 건물의 공정가치는 각각 ₩60,000과 ₩80,000으로 평가되었다. 동 건물에 대한 회계처리가 20×2년도 당기순이익에 미치는 영향은? [단, (주)한국은 통상적으로 건물을 정액법으로 감가상각한다] 제22회

① ₩20,000 증가
② ₩20,000 감소
③ 영향 없음
④ ₩40,000 증가
⑤ ₩40,000 감소

톺아보기

투자부동산의 공정가치모형은 감가상각을 하지 않으며, 투자부동산평가손익은 당기손익항목에 속한다.
20×2년 투자부동산평가이익은 수익항목이므로 당기순이익이 증가한다.
투자부동산평가이익 = 기말공정가치 − 평가 직전 장부금액
= ₩80,000 − ₩60,000 = ₩20,000 이익

03 상 중 하

(주)한국은 20×1년 초 건물을 ₩50,000에 취득하고 투자부동산(공정가치모형 선택)으로 분류하였다. 동 건물의 20×1년 말 공정가치는 ₩38,000, 20×2년 말 공정가치는 ₩42,000일 때, 20×2년도 당기순이익에 미치는 영향은? [단, (주)한국은 건물을 내용연수 10년, 잔존가치 ₩0, 정액법으로 상각한다]   제27회

① ₩2,000 증가
② ₩3,000 증가
③ ₩4,000 증가
④ ₩5,500 증가
⑤ ₩9,500 증가

톺아보기

투자부동산의 후속측정을 공정가치모형으로 선택했으므로 감가상각액을 고려하지 않는다.
20×2년 당기순이익에 영향을 주는 사건은 투자부동산평가이익이다.
투자부동산평가이익 = 기말공정가치 − 평가직전장부금액
= ₩42,000 − ₩38,000 = ₩4,000

정답 | 01 ② 02 ① 03 ③

04 (주)한국은 20×1년 초 건물(내용연수 5년, 잔존가치 없음, 정액법 상각)을 ₩100,000에 취득하고 투자부동산으로 분류하였다. (주)한국은 투자부동산에 대해 공정가치모형을 적용하고 있으며, 동 건물에 대한 20×1년 말 공정가치는 ₩110,000이다. (주)한국은 20×2년 7월 1일 동 건물을 ₩90,000에 처분하였다. 동 건물에 대한 회계처리가 20×1년도와 20×2년도의 당기순이익에 미치는 영향은? 제28회

	20×1년도	20×2년도		20×1년도	20×2년도
①	₩10,000 증가	₩20,000 감소	②	₩10,000 증가	₩10,000 감소
③	₩10,000 증가	₩10,000 증가	④	₩20,000 증가	₩20,000 감소
⑤	₩20,000 증가	₩10,000 증가			

톺아보기

(1) 20×1년도 당기순이익 영향
투자부동산에 공정가치모형을 적용하면, 감가상각을 하지 않고 기말 공정가치 변동을 당기손익으로 인식한다. 따라서 기말 공정가치(₩110,000) − 기초 장부금액(₩100,000) = ₩10,000
그러므로 장부금액이 ₩10,000 증가했으므로, 투자부동산평가이익 ₩10,000이 발생하여 당기순이익이 그만큼 증가한다.

(2) 20×2년도 당기순이익 영향
20×2년 초 장부금액은 20×1년 말 공정가치인 ₩110,000이 되므로 자산 처분시 이 장부금액과 처분금액의 차이를 처분손익으로 인식한다. 따라서 처분금액(₩90,000) − 장부금액(₩110,000) = −₩20,000
그러므로 처분금액이 장부금액보다 ₩20,000 적으므로, 투자부동산처분손실 ₩20,000이 발생하여 당기순이익이 그만큼 감소한다.

정답 | 04 ①

제10장 / 부채

기본서 p.282~303

01 금융부채에 해당하지 않는 것은?

제24회

① 선수임대료 ② 미지급금 ③ 매입채무
④ 사채 ⑤ 단기차입금

톺아보기

금융부채는 거래상대방에게 현금 등 금융자산을 인도하기로 한 계약상 의무를 말한다. 선수임대료는 현금 등 금융자산을 인도하기로 한 계약상 의무가 아니므로 비금융부채에 해당한다.

02 (주)한국의 20×1년 말 부채와 관련된 자료가 다음과 같을 때, 20×1년 말 금융부채는?

제26회

• 충당부채	₩50,000	• 장기차입금	₩10,000
• 선수금	₩30,000	• 사채	₩40,000
• 매입채무	₩60,000	• 미지급법인세	₩15,000
• 미지급금	₩35,000		

① ₩95,000 ② ₩110,000 ③ ₩120,000
④ ₩145,000 ⑤ ₩160,000

톺아보기

금융부채는 거래상대방에게 현금 등 금융자산을 인도하기로 한 계약상 의무를 말한다.
금융부채 = 장기차입금 + 사채 + 매입채무 + 미지급금
= ₩10,000 + ₩40,000 + ₩60,000 + ₩35,000 = ₩145,000

정답 | 01 ① 02 ④

03 금융부채에 해당하는 것을 모두 고른 것은?

제28회

㉠ 차입금	㉡ 선수금
㉢ 충당부채	㉣ 미지급법인세
㉤ 지급어음	

① ㉠, ㉢
② ㉠, ㉤
③ ㉡, ㉣
④ ㉠, ㉢, ㉣
⑤ ㉡, ㉣, ㉤

톺아보기

금융부채란 거래상대방에게 현금 등 금융자산을 인도하기로 한 계약상 의무를 말한다. 즉, 계약에 따라 미래에 돈을 갚아야 할 의무이다. 이러한 금융부채에는 매입채무, 차입금, 사채, 미지급금, 지급어음 등이 속한다.

04 기업이 종업원에게 급여를 지급하면서 소득세 등을 원천징수하여 일시적으로 보관하기 위한 계정과목은?

제27회

① 예수금
② 선수금
③ 선급금
④ 미수금
⑤ 미지급금

톺아보기

[오답해설]
② 선수금: 재화나 용역을 제공하기 전에 미리 받은 금액으로, 부채에 해당한다.
③ 선급금: 재화나 용역을 제공받기 전에 미리 지급한 금액으로, 자산에 해당한다.
④ 미수금: 아직 받지 못한 금액으로, 자산에 해당한다.
⑤ 미지급금: 재화나 용역을 제공받았으나 아직 지급하지 않은 금액으로, 부채에 해당한다.

05 20×1년 말 재무제표에 부채로 반영해야 하는 항목을 모두 고른 것은? (단, 각 거래는 독립적이다)

제27회

> ㉠ 20×1년 근무결과로 20×2년에 연차를 사용할 수 있게 됨(해당 연차는 20×2년에 모두 사용될 것으로 예상되나, 사용되지 않은 연차에는 20×3년 초에 수당이 지급됨)
> ㉡ 20×1년 말 구매계약이 체결되고 20×2년에 컴퓨터 납품예정
> ㉢ 20×1년 재무제표 승인을 위해 20×2년 3월에 개최된 정기주주총회에서 현금배당 결의

① ㉠
② ㉡
③ ㉢
④ ㉠, ㉢
⑤ ㉠, ㉡, ㉢

톺아보기

㉠ 연차수당
20×1년의 근무결과로 발생한 연차 사용 권리는 20×1년 말 재무제표에 부채로 인식해야 한다. 회계상 부채는 과거사건의 결과로 현재의무가 존재하고, 그 의무를 이행하기 위해 미래에 자원이 유출될 가능성이 높으며, 그 금액을 신뢰성 있게 측정할 수 있을 때 인식한다. 이 경우, 20×1년 근무라는 과거사건으로 인해 연차를 부여해야 할 현재의무가 발생했다. 해당 연차를 사용하지 않을 경우 20X3년 초에 수당을 지급해야 하므로, 미래에 현금이라는 자원의 유출이 예상된다. 따라서 이는 충당부채로 분류되어 재무제표에 반영된다.

㉡ 컴퓨터 구매계약
20×1년에 체결된 컴퓨터 구매계약은 미이행 계약이므로 20×1년 말 재무제표에 부채로 인식하지 않는다. 회계에서는 아직 이행되지 않은 계약에 대해서는 일반적으로 부채로 인식하지 않는다. 컴퓨터가 납품되는 시점인 20×2년에 거래가 완료될 것이므로, 20×2년 재무제표에 부채(미지급금)로 인식하게 된다.

㉢ 현금배당 결의
현금배당은 20×1년의 이익을 기반으로 하지만, 배당을 지급해야 할 의무는 20×2년 3월에 개최된 주주총회에서 결의될 때 비로소 발생한다. 따라서 20×1년 말 시점에는 아직 확정된 의무가 아니므로 재무제표에 부채로 인식하지 않는다. 20×2년 3월에 배당 결의가 이루어지면, 20×2년 재무제표에 미지급배당금으로 부채가 인식된다.

정답 | 03 ② 04 ① 05 ①

06 충당부채의 측정에 관한 설명으로 옳지 않은 것은? 제23회

① 충당부채로 인식하는 금액은 현재의무를 보고기간 말에 이행하기 위하여 필요한 지출에 대한 최선의 추정치이어야 한다.
② 충당부채로 인식하여야 하는 금액과 관련된 불확실성은 상황에 따라 판단한다.
③ 화폐의 시간가치 영향이 중요한 경우에 충당부채는 의무를 이행하기 위하여 예상되는 지출액의 현재가치로 평가한다.
④ 할인율은 부채의 특유한 위험과 화폐의 시간가치에 대한 현행 시장의 평가를 반영한 세전 이율이다.
⑤ 예상되는 자산처분이익은 충당부채를 객관적으로 측정하기 위하여 고려하여야 한다.

톺아보기

★ ⑤ 예상되는 자산처분이익은 고려하지 아니한다.
★ ① 충당부채로 인식하는 금액은 현재의무를 보고기간 말에 이행하기 위하여 필요한 지출에 대한 최선의 추정치이어야 하며, 다수항목과 관련된 의무는 가능한 모든 결과에 관련된 확률을 가중평균하여 추정(기댓값)한다.
★ ② 충당부채로 인식하여야 하는 금액과 관련된 불확실성은 상황에 따라 판단하며, 불확실성을 이유로 충당부채를 과도하게 계상하는 것은 정당화되지 않는다.
★ ③ 현재가치로 평가시 적용되는 할인율은 현행 시장의 평가를 반영한 세전 이율이다.
★ ④ 할인율은 부채의 특유한 위험과 화폐의 시간가치에 대한 현행 시장의 평가를 반영한 세전 이율이며, 미래현금흐름을 추정할 때 고려한 위험은 반영하지 않는다.

07 다음 중 충당부채를 인식하기 위해 충족해야 하는 요건을 모두 고른 것은? 제24회

> ㉠ 과거사건의 결과로 현재 법적 의무나 의제의무가 존재한다.
> ㉡ 해당 의무를 이행하기 위하여 경제적 효익이 있는 자원을 유출할 가능성이 높다.
> ㉢ 미래에 전혀 실현되지 않을 수도 있는 수익을 인식하는 결과를 가져온다.
> ㉣ 해당 의무를 이행하기 위하여 필요한 금액을 신뢰성 있게 추정할 수 있다.

① ㉠, ㉡
② ㉠, ㉢
③ ㉡, ㉣
④ ㉠, ㉡, ㉣
⑤ ㉡, ㉢, ㉣

톺아보기

★ 충당부채는 지출하는 시기 또는 금액이 불확실하지만 부채로 인식하는 경우를 말하며, 다음의 조건이 모두 충족해야 충당부채로 인식한다.
  ㉠ 과거사건의 결과 현재의무(법적 의무·의제의무)가 존재한다.
  ㉡ 자원의 유출가능성이 높다.
  ㉢ 금액의 신뢰성 있는 추정이 가능해야 한다.

08 (주)한국은 20×1년 4월 1일부터 제품을 판매하기 시작하면서, 제품매출액의 2%에 해당하는 금액을 제품보증비용(보증기간 2년)으로 추정하였다. 20×1년과 20×2년의 제품매출액과 보증비용지출액이 다음과 같을 때, 제품보증과 관련하여 20×2년 말 재무상태표에 인식할 충당부채는? (단, 제품보증은 확신유형보증이다) 제28회

연도	제품매출액	보증비용지출액
20×1년	₩300,000	₩5,000
20×2년	₩500,000	₩8,000

① ₩2,000
② ₩3,000
③ ₩6,000
④ ₩10,000
⑤ ₩16,000

톺아보기

(1) 총제품보증비용 추정액 계산(2년간)
  • 2년간 총매출액: ₩300,000 + ₩500,000 = ₩800,000
  • 총추정비용: ₩800,000 × 2% = ₩16,000
(2) 총보증비용지출액 계산(2년간)
  ₩5,000 + ₩8,000 = ₩13,000
(3) 20×2년 말 제품보증충당부채 잔액 계산
  잔액(₩3,000) = 총추정비용(₩16,000) - 총보증비용지출액(₩13,000)

정답 | 06 ⑤ 07 ④ 08 ②

09 (주)한국은 20×1년 초 3년 만기 사채를 할인발행하여 매년 말 액면이자를 지급하고 상각후원가로 측정하였다. 20×2년 말 사채 장부금액이 ₩98,148이고, 20×2년 사채이자 관련 분개는 다음과 같다. 20×1년 말 사채의 장부금액은? 제22회

(차) 이자비용	7,715	(대) 현금	6,000
		사채할인발행차금	1,715

① ₩90,433
② ₩92,148
③ ₩94,863
④ ₩96,433
⑤ ₩99,863

톺아보기

사채의 할인발행은 만기시까지 사채할인발행차금상각액만큼 시간이 경과할수록 장부금액이 증가한다.
20×2년 말 장부금액은 사채할인발행차금상각액만큼 증가되어 있으므로 20×1년 말 장부금액은 20×2년 말 장부금액에서 회계처리에서 제시된 사채할인발행차금상각액(₩1,715)을 차감한 금액이다.
20×1년 말 사채의 장부금액 = ₩98,148 − ₩1,715 = ₩96,433

10 (주)한국은 액면금액이 ₩1,000,000인 사채를 발행하여 매년 말 이자를 지급하고 상각후원가로 측정하고 있다. 사채와 관련된 자료가 다음과 같을 때 표시이자율은? 제23회

• 사채 발행금액	₩875,650
• 유효이자율	연 10%
• 1차년도 사채할인발행차금상각액	₩37,565

① 4%
② 5%
③ 6%
④ 7%
⑤ 8%

톺아보기

(1) 사채할인발행차금상각액 = 유효이자 − 표시이자
    = (₩875,650 × 10%) − 표시이자 = ₩37,565
   ∴ 표시이자 = ₩50,000

(2) 표시이자율 = 표시이자 ÷ 액면금액
    = ₩50,000 ÷ ₩1,000,000 = 5%

$$표시이자율 = \frac{50,000}{1,000,000} = 5\%$$

```
                        ₩50,000
                        20×1년 말
20×1년 초       ₩87,565
₩875,650        ₩37,565
```

---

11 (주)한국은 20×1년 1월 1일 액면금액 ₩1,000,000인 사채(만기 3년, 표시이자율 연 10%, 이자는 매년 말 후급)를 ₩1,106,900에 발행하고, 상각후원가로 측정하였다. 발행 당시 유효이자율은 연 6%이었다. 20×2년 1월 1일 동 사채 전부를 조기상환하였고, 이로 인해 사채상환이익이 ₩4,500 발생하였다. (주)한국이 동 사채를 상환하기 위해 지급한 금액은?   제24회

① ₩1,068,814   ② ₩1,077,814
③ ₩1,102,400   ④ ₩1,135,986
⑤ ₩1,144,986

톺아보기

사채상환이익 = 상환 직전 장부금액 − 상환금액 = ₩4,500
    = [(₩1,106,900 × 1.06) − ₩100,000] − 상환금액(x) = ₩4,500 이익
∴ 상환금액(x) = ₩1,068,814

정답 | 09 ④   10 ②   11 ①

12 상중하 (주)한국은 20×1년 초 사채(액면금액 ₩100,000, 표시이자율 연 5%, 매년 말 이자 지급, 만기 3년)를 ₩92,268에 발행하고 상각후원가로 측정하였다. 동 사채의 20×1년 말 장부금액이 ₩94,649인 경우, (주)한국이 20×2년도에 인식할 이자비용은? (단, 단수차이가 발생할 경우 가장 근사치를 선택한다) 제28회

① ₩5,679
② ₩6,625
③ ₩7,571
④ ₩8,518
⑤ ₩9,465

톺아보기

(1) 유효이자율 계산

- 유효이자율 = $\frac{7,381}{92,268}$ = 8%
- 20×1년 이자비용 = 20×1년 말 장부금액 − 20×1년 초 장부금액 + 현금지급이자
  = ₩94,649 − ₩92,268 + ₩5,000* = ₩7,381
  * 현금지급이자 = 액면금액(₩100,000) × 표시이자율(5%) = ₩5,000

(2) 20×2년 이자비용 계산

20×2년도의 이자비용은 20×2년 초 장부금액(20×1년 말 장부금액과 동일)에 위에서 구한 유효이자율을 곱하여 계산한다.

20×2년 이자비용 = 20×2년 초 장부금액 × 유효이자율
= ₩94,649 × 8% = ₩7,571

정답 | 12 ③

제11장 / 자본

기본서 p.314~337

01

다음에 해당하는 자본항목은? 제27회

> 상법의 규정에 따라 자본금의 2분의 1에 달할 때까지 현금배당액의 10분의 1 이상을 의무적으로 적립해야 한다.

① 주식발행초과금
② 감자차익
③ 자기주식
④ 주식할인발행차금
⑤ 이익준비금

톺아보기

이익준비금(상법 제458조)
회사는 그 자본의 2분의 1이 될 때까지 매 결산기의 이익배당금의 10분의 1 이상을 이익준비금으로 적립하여야 한다. 다만, 주식배당의 경우에는 그러하지 아니하다.

정답 | 01 ⑤

02 자본에 관한 설명으로 옳은 것을 모두 고른 것은? 제22회

㉠ 자기주식을 취득하면 자본총액은 증가한다.
㉡ 유상증자시에 자본금은 증가하나 자본총액은 변동하지 않는다.
㉢ 무상증자시에 자본금은 증가하나 자본총액은 변동하지 않는다.
㉣ 주식배당시에 자산총액과 자본총액은 변동하지 않는다.
㉤ 주식분할로 인해 발행주식수가 증가하여도 액면가액은 변동이 없다.
㉥ 임의적립금은 주주총회의 의결을 통해 미처분이익잉여금으로 이입한 후 배당할 수 있다.

① ㉠, ㉡, ㉢
② ㉠, ㉤, ㉥
③ ㉡, ㉢, ㉣
④ ㉡, ㉣, ㉤
⑤ ㉢, ㉣, ㉥

톺아보기

★ ㉠ 자기주식을 취득하면 자본총액은 감소한다.
★ ㉡ 유상증자시 자본금 및 자본총액이 모두 증가한다. 즉, 발행금액만큼 자본총액은 증가한다.
★ ㉤ 주식분할로 인해 발행주식수가 증가하면 액면금액은 감소한다.

03 자본에 관한 설명으로 옳은 것을 모두 고른 것은? 제25회

㉠ 주식 발행과 직접 관련하여 발생한 거래원가는 자본에서 차감하지 않고 당기손익으로 인식한다.
㉡ 유상감자는 자본금의 감소로 소멸되는 주식의 대가를 주주에게 실질적으로 지급하는 것으로 실질적 감자에 해당한다.
㉢ 무상증자시에는 납입자본과 자본총계가 모두 증가한다.
㉣ 임의적립금은 주주총회의 의결을 거쳐 미처분이익잉여금으로 이입한 후 배당재원으로 사용할 수 있다.
㉤ 이익준비금은 법정준비금이므로 그 금액만큼을 반드시 외부 금융기관에 예치해야 한다.

① ㉠, ㉣
② ㉠, ㉤
③ ㉡, ㉢
④ ㉡, ㉣
⑤ ㉢, ㉤

톺아보기

★ ㉠ 주식 발행과 직접 관련하여 발생한 거래원가는 발행금액에서 차감한다.
★ ㉢ 무상증자시에는 자본금은 증가하지만 자본총계는 불변이다.
★ ㉤ 이익준비금은 미처분잉여금 중 법정준비금이라는 또 다른 이익잉여금으로 사내유보된 금액으로 현금의 형태로 있는 것은 아니다.

04 아파트 관리업무를 영위하는 (주)한국의 당기 말 자본총계에 영향을 미치는 거래는 모두 몇 개인가? (단, 각 거래는 독립적이다)   제27회

- 당기 관리비수입 발생(단, 당기 말까지 관리비 고지서는 미발행)
- 차기 관리비를 당기에 미리 수령
- 당기 급여 발생(단, 급여 지급은 차기에 이루어짐)
- 당기 중 주식배당 실시
- 당기 미수이자 발생(단, 이자 수령은 차기에 이루어짐)

① 1개   ② 2개
③ 3개   ④ 4개
⑤ 5개

톺아보기

- 당기 관리비수입 발생(미발행): 수익 발생으로 당기손익(+이익) ⇨ 자본총계 증가로 영향 있음
- 차기 관리비를 당기에 미리 수령: 선수수익(부채) 발생, 현금(자산) 증가하지만 아직 수익 인식 아님 ⇨ 자본총계 영향 없음
- 당기 급여 발생(지급은 차기): 비용 발생 ⇨ 당기손익(감소) ⇨ 자본총계 감소로 영향 있음
- 당기 중 주식배당 실시: 유보이익에서 자본금(납입자본)으로 내부적 이전만 발생 ⇨ 자본총계 변동 없음
- 당기 미수이자 발생(수령은 차기): 이자수익 발생 ⇨ 당기손익(증가) ⇨ 자본총계 증가로 영향 있음

따라서 영향을 미치는 거래는 총 3개이다.

정답 | 02 ⑤   03 ④   04 ③

05

(주)한국의 20×1년 초 자본총계는 ₩500,000이다. 20×1년 중 다음과 같은 거래가 발생하였다고 할 때, 20×1년 말 자본총계는? 제28회

- 보통주 10주(주당 액면금액 ₩1,000)를 주당 ₩2,000에 발행하여 전액 납입받았으며, 주식발행비 ₩3,000을 현금으로 지급하였다.
- 보통주 20주(주당 액면금액 ₩1,000)를 주당 ₩900에 매입하여 소각하였다.

① ₩490,000
② ₩497,000
③ ₩499,000
④ ₩500,000
⑤ ₩502,000

톺아보기

(1) 기초자본총계 = ₩500,000
(2) 주식발행으로 인한 자본 증가
  - 회사가 주식을 발행하고 받은 현금(유상증자 대금)에서 주식발행비를 뺀 금액만큼 자본이 증가한다.
  - 주식발행 대금 = 10주 × ₩2,000 = ₩20,000
  - 순증가액 = ₩20,000 − ₩3,000(주식발행비) = ₩17,000
(3) 주식 소각으로 인한 자본 감소
  - 회사가 주식을 소각하기 위해 주주에게 지급한 현금(매입 대금)만큼 자본이 감소한다.
  - 감소액 = 20주 × ₩900 = ₩18,000
(4) 기말자본총계 계산
  기말자본총계 = ₩517,000 − ₩18,000(소각 대금) = ₩499,000

06

주당이익 계산시 유통보통주식수를 증가시키는 사건이 아닌 것은? (단, 각 사건은 독립적이며, 보통주와 관련하여 기중에 발생한 것으로 가정한다) 제24회

① 신주인수권 행사
② 유상증자
③ 자기주식 재발행
④ 주식배당
⑤ 주식병합

톺아보기

★ 주식의 병합은 주식분할과 정반대로 여러 주식을 하나의 주식으로 통합하는 경우를 말하며, 발행주식수는 감소한다. 나머지는 모두 주식을 발행하여 유통보통주식수가 증가한다.

07 (주)한국의 20×1년 1월 1일 현재 유통보통주식수는 100주이고, 20×1년에 유통보통주식수의 변동은 없다. 20×1년 당기순이익이 ₩10,000일 때, (주)한국의 기본주당순이익은? [단, (주)한국이 발행한 우선주는 없으며, 가중평균유통보통주식수는 월수를 기준으로 계산한다]   제25회

① ₩0
② ₩10
③ ₩100
④ ₩1,000
⑤ ₩10,000

톺아보기

★ 우선주가 없으므로 당기순이익은 보통주 당기순이익이 되며, 유통보통주식수가 변동이 없으므로 기초 유통주식수와 가중평균유통보통주식수가 동일하다.

기본주당순이익 = 보통주 당기순이익 ÷ 가중평균유통보통주식수
= ₩10,000 ÷ 100주 = ₩100

08 20×1년 초 (주)한국의 유통보통주식수는 500주(주당 액면금액 ₩1,000)이다. (주)한국은 20×1년 7월 1일 자기주식 100주를 취득하였으며, 자기주식 취득을 제외하고는 유통보통주식수에 영향을 미치는 거래는 없었다. 20×1년도 (주)한국의 당기순이익이 ₩90,000일 때, (주)한국의 20×1년 기본주당순이익은? [단, (주)한국은 우선주를 발행하지 않았으며, 가중평균유동보통주식수는 월수를 기준으로 산정한다]   제28회

① ₩200
② ₩205
③ ₩210
④ ₩215
⑤ ₩225

톺아보기

(1) 기본주당순이익 = $\dfrac{보통주\ 당기순이익}{가중평균유통보통주식수}$

(2) $\dfrac{90,000}{500주 - (100주 \times \dfrac{6}{12})} = ₩200$

정답 | 05 ③　06 ⑤　07 ③　08 ①

제12장 / 수익과 비용

기본서 p.350~365

01  수익인식 5단계를 순서대로 바르게 나열한 것은?

제23회

㉠ 수행의무의 식별
㉡ 고객과의 계약을 식별
㉢ 거래가격을 산정
㉣ 거래가격을 계약 내 수행의무에 배분
㉤ 수행의무를 이행할 때 수익을 인식

① ㉠ ⇨ ㉡ ⇨ ㉢ ⇨ ㉣ ⇨ ㉤
② ㉠ ⇨ ㉢ ⇨ ㉡ ⇨ ㉣ ⇨ ㉤
③ ㉡ ⇨ ㉠ ⇨ ㉢ ⇨ ㉣ ⇨ ㉤
④ ㉡ ⇨ ㉠ ⇨ ㉣ ⇨ ㉢ ⇨ ㉤
⑤ ㉢ ⇨ ㉠ ⇨ ㉡ ⇨ ㉣ ⇨ ㉤

톺아보기

★ 고객과의 계약 식별(㉡) ⇨ 수행의무의 식별(㉠) ⇨ 거래가격의 산정(㉢) ⇨ 거래가격을 계약 내 수행의무에 배분(㉣) ⇨ 수익의 인식(㉤)

더 알아보기

기준서 제1115호 고객과의 계약에서 생기는 수익의 핵심 원칙

수익의 인식과 관련된 기준서의 핵심은 '고객에게 약속한 재화나 용역의 이전을 나타내도록', '해당 재화나 용역의 대가로 받을 권리를 갖게 될 것으로 예상하는 대가를 반영한 금액'을 수익으로 인식해야 한다는 것이다.

02

고객과의 계약에서 생기는 수익에서 설명하는 다음 (   )에 공통으로 들어갈 용어는?

제27회

- 수익인식 5단계 : 계약의 식별 ⇨ (   )의 식별 ⇨ 거래가격을 산정 ⇨ 거래가격을 계약 내 (   )에 배분 ⇨ (   )의 이행에 따라 수익을 인식
- (   ): 고객과의 계약에서 구별되는 재화나 용역 또는 실질적으로 서로 같고 고객에게 이전하는 방식도 같은 일련의 구별되는 재화나 용역을 고객에게 이전하기로 한 약속

① 환불부채
② 계약자산
③ 계약부채
④ 판매가격
⑤ 수행의무

톺아보기

계약의 식별 ⇨ 수행의무의 식별 ⇨ 거래가격의 산정 ⇨ 거래가격을 계약 내 수행의무에 배분 ⇨ 수행의무의 이행에 따라 수익을 인식

03

(주)한국은 20×1년 1월 1일에 액면금액 ₩1,000인 상품권 10매를 1매당 ₩900에 고객에게 최초 발행하였다. 고객은 상품권 액면금액의 80% 이상을 사용하면 잔액을 현금으로 돌려받을 수 있다. (주)한국은 20×1년 12월 31일까지 회수된 상품권 8매에 대해 상품인도와 함께 잔액 ₩700을 현금으로 지급하였다. (주)한국이 상기 상품권과 관련하여 20×1년 포괄손익계산서에 인식할 수익금액은?

제25회

① ₩6,500
② ₩7,200
③ ₩8,300
④ ₩9,000
⑤ ₩10,000

톺아보기

상품권의 수익인식은 기업이 상품을 고객에게 인도하는 시점에 수익으로 인식하고 상품권 할인액은 매출에누리로 처리하여 수익을 차감한다.

인식할 수익금액 = 사용된 상품권 − 매출에누리(사용분) − 현금지급액
= (8매 × ₩900) − ₩0 − ₩700 = ₩6,500

정답 | 01 ③ 02 ⑤ 03 ①

04

20×1년 초 (주)한국은 (주)대한과 매출액의 5%를 판매수수료로 지급하는 위탁판매계약을 체결하였다. 20×1년 (주)한국은 (주)대한에 단위당 원가 ₩800인 상품 100개를 직송하였다. (주)대한은 20×1년 중 수탁한 상품 중 50개를 단위당 ₩1,000에 최종고객에게 판매하고 수탁상품 매출계산서와 함께 판매수수료를 제외한 나머지 금액을 (주)한국에 송금하였다. 동 위탁판매와 관련된 회계처리가 (주)한국의 20×1년도 당기순이익에 미치는 영향은? [단, (주)대한에 직송한 재화의 통제권은 최종고객에게 판매되기 전까지 (주)한국이 계속 보유한다]

제28회

① ₩7,500 증가   ② ₩9,500 증가
③ ₩10,000 증가 ④ ₩12,500 증가
⑤ ₩15,000 증가

톺아보기

(1) 매출액
   (주)대한이 판매한 50개 상품의 총매출액: 50개 × ₩1,000 = ₩50,000
(2) 매출원가
   판매된 50개 상품의 원가: 50개 × ₩800 = ₩40,000
(3) 판매수수료
   총매출액의 5%에 해당하는 금액이므로 ₩50,000 × 5% = ₩2,500
(4) 순이익 영향
   = 매출액 − 매출원가 − 판매수수료
   = ₩50,000 − ₩40,000 − ₩2,500 = ₩7,500

05

(주)한국은 20×1년 초 4년간 용역을 제공하기로 하고 총계약금액 ₩100,000의 용역계약을 수주하였다. 관련 자료가 다음과 같을 때, 20×3년도 용역계약이익은? (단, 진행률에 의해 계약수익을 인식하며, 진행률은 총추정계약원가 대비 누적발생계약원가로 산정한다)

제27회

구분	20×1년	20×2년	20×3년	20×4년
누적발생계약원가	₩24,000	₩52,000	₩68,000	₩80,000
추가소요예정원가	₩56,000	₩28,000	₩12,000	

① ₩4,000   ② ₩5,000
③ ₩6,000   ④ ₩7,000
⑤ ₩8,000

톺아보기

계약이익 = (₩100,000 − ₩80,000) × (85%[1] − 65%[2]) = ₩4,000

1) 누적진행률 = $\dfrac{₩68,000}{₩80,000}$ = 85%

2) 전기까지 누적진행률 = $\dfrac{₩52,000}{₩80,000}$ = 65%

---

06 20×1년 초 (주)한국은 (주)대한과 총계약금액에 변동이 없는 용역제공계약을 체결하였으며, 용역제공기간은 20×1년 초부터 20×3년 말까지 3년이다. 용역과 관련된 20×1년의 자료가 다음과 같을 경우 동 용역제공계약의 총계약금액은? (단, 진행률에 의해 계약수익을 인식하며, 진행률은 총추정계약원가 대비 누적발생계약원가로 산정한다) 제28회

• 20×1년도 계약원가 발생액	₩100,000
• 20×1년도 말에 추정한 추가소요예정 계약원가	₩50,000
• 20×1년도에 인식한 용역계약이익	₩500,000

① ₩160,000 ② ₩200,000 ③ ₩240,000
④ ₩300,000 ⑤ ₩380,000

톺아보기

(1) 총추정계약원가 계산
   총추정원가는 이미 발생한 원가와 앞으로 발생할 원가의 합계이다.
   ₩100,000(발생원가) + ₩100,000(수정된 추가 원가) = ₩200,000
(2) 진행률 계산
   진행률은 총추정원가 대비 현재까지 발생한 원가의 비율이다.
   ₩100,000(발생 원가) ÷ ₩200,000(총추정원가) = 50%
(3) 총계약이익 추정
   20×1년에 인식한 이익은 총계약이익에 진행률을 곱한 금액이므로 이를 역으로 계산하여 총계약이익을 구한다.
   총계약이익 × 50%(진행률) = ₩50,000(20×1년 이익)
                    = ₩50,000 ÷ 50% = ₩100,000
(4) 총계약금액 산출
   총계약금액은 총추정계약원가와 총계약이익을 더한 금액이다.
   ₩200,000(총추정원가) + ₩100,000(총계약이익) = ₩300,000

정답 | 04 ① 05 ① 06 ④

제13장 / 회계변경과 오류수정

기본서 p.374~378

01

(주)한국은 20×1년 초 기계장치(취득원가 ₩200,000, 내용연수 5년, 잔존가치 ₩20,000, 정액법 적용)를 취득하였다. 20×3년 초 (주)한국은 20×3년을 포함한 잔존내용연수를 4년으로 변경하고, 잔존가치는 ₩30,000으로 변경하였다. 이러한 내용연수 및 잔존가치의 변경은 적당한 회계변경으로 인정된다. (주)한국의 20×3년 동 기계장치에 대한 감가상각비는? (단, 원가모형을 적용하며, 감가상각비는 월할계산한다)

제22회

① ₩23,000
② ₩24,500
③ ₩28,333
④ ₩30,000
⑤ ₩32,000

톺아보기

잔존내용연수의 변경[(5년 − 2년) ⇨ 4년]과 잔존가치(₩20,000 ⇨ ₩30,000)의 변경은 회계추정의 변경에 해당되므로 전진법에 의하여 회계처리하여 감가상각비를 계산한다.
(1) 회계변경 전 감가상각누계액 = (₩200,000 − ₩20,000) × 2/5 = ₩72,000
(2) 20×3년 감가상각비(전진법) = (₩200,000 − ₩72,000 − ₩30,000) × 1/4 = ₩24,500

02 실지재고조사법을 적용하는 (주)한국은 20×1년 기말재고자산(상품) ₩10,000 (원가)을 누락하여 과소계상하였다. 해당 오류가 향후 밝혀지지 않을 경우, 다음 설명 중 옳은 것은?   제24회

① 20×1년 매출원가는 ₩10,000 과대계상된다.
② 20×1년 영업이익은 ₩10,000 과대계상된다.
③ 20×2년 기초재고자산은 ₩10,000 과대계상된다.
④ 20×2년 매출원가는 ₩10,000 과대계상된다.
⑤ 누락된 기말재고자산이 20×2년 중 판매되었다면 20×3년 매출총이익은 ₩10,000 과대계상된다.

톺아보기

① 20×1년 기말재고 과소는 20×2년 초 기초재고 과소가 된다.
  ㉠ 20×1년: 기말재고의 과소는 매출원가가 과대되어 영업이익이 과소된다.
  ㉡ 20×2년: 기초재고의 과소는 매출원가가 과소되어 영업이익이 과대된다.

[오답해설]
② 20×1년 영업이익은 ₩10,000 과소계상된다.
③ 20×2년 기초재고자산은 ₩10,000 과소계상된다.
④ 20×2년 매출원가는 ₩10,000 과소계상된다.
⑤ 기말재고의 오류는 자동조정오류이므로 20×2년 마감 후 오류효과는 자동조정된다.

정답 | 01 ② 02 ①

제14장 / 현금흐름표

기본서 p.384~393

01

아파트 관리용역을 제공하는 (주)한국의 현금흐름표상 투자활동현금흐름에 속하지 않는 것은?

제28회

① 유형자산 처분에 따른 현금유입
② 상각후원가 측정 금융자산의 취득에 따른 현금유출
③ 대여금의 회수에 따른 현금유입
④ 무형자산 취득에 따른 현금유출
⑤ 장기차입에 따른 현금유입

톺아보기

장기차입에 따른 현금유입은 재무활동현금흐름에 속한다.

02

(주)한국의 20×1년도 포괄손익계산서의 이자비용은 ₩800(사채할인발행차금상각액 ₩80 포함)이다. 20×1년도 이자와 관련된 자료가 다음과 같을 때, 이자지급으로 인한 현금유출액은?

제23회

구분	기초잔액	기말잔액
미지급이자	₩92	₩132
선급이자	₩40	₩52

① ₩652
② ₩692
③ ₩748
④ ₩852
⑤ ₩908

톺아보기

이자비용			
발생기준	800	사채할인발행차금상각액	80
선급이자의 증가	12	미지급이자의 증가	40
		이자지급으로 인한 유출액(x)	692
	812		812

03 다음은 (주)한국의 20×1년 재무제표 자료이다. (주)한국의 20×1년 법인세비용차감전순이익은 ₩10,000일 때, 간접법으로 산출한 영업활동현금흐름은? 제27회

- 감가상각비 ₩4,000
- 매출채권(순액)의 증가 ₩2,000
- 재고자산의 증가 ₩4,000
- 매입채무의 감소 ₩2,000
- 유상증자 ₩2,000
- 사채의 상환 ₩4,000

① ₩6,000
② ₩8,000
③ ₩10,000
④ ₩12,000
⑤ ₩14,000

톺아보기

영업활동현금흐름	6,000	법인세비용 차감전순이익	10,000
[수익계정 제거]	–	[비용계정 제거]	
[영업활동 관련 자산의 증가, 부채의 감소]			
매출채권의 증가	2,000	감가상각비	4,000
재고자산의 증가	4,000	[영업활동 관련 자산의 감소, 부채의 증가]	
매입채무의 감소	2,000		
	14,000		14,000

정답 | 01 ⑤ 02 ② 03 ①

(주)한국의 당기순이익은 ₩100,000이고, 장기차입금에서 발생한 이자비용은 ₩5,000이며, 보유하고 있는 유형자산의 감가상각비는 ₩11,000이다. 당기 영업활동과 관련된 자산과 부채의 변동내역은 다음과 같다.

• 재고자산의 증가	₩8,000
• 매출채권(손실충당금 차감후순액)의 감소	₩3,000
• 매입채무의 감소	₩4,200
• 선수금의 증가	₩2,000

(주)한국의 당기 영업활동순현금유입액은? (단, 이자의 지급과 수취는 각각 재무활동과 투자활동으로 한다)

제26회

① ₩76,800
② ₩81,800
③ ₩92,800
④ ₩106,000
⑤ ₩108,800

톺아보기

영업활동현금흐름	108,800	당기순이익	100,000
[수익계정 제거]		[비용계정 제거]	
		감가상각비	11,000
		이자비용	5,000
[영업활동 관련 자산의 증가, 부채의 감소]		[영업활동 관련 자산의 감소, 부채의 증가]	
재고자산의 증가	8,000	매출채권의 감소	3,000
매입채무의 감소	4,200	선수금의 증가	2,000
	121,000		121,000

05 (주)한국의 20×1년 영업활동 순현금유입액은 ₩12,000이다. 다음 자료를 이용할 때, 20×1년 법인세비용 차감전순이익과 재무활동순현금흐름으로 옳은 것은? 제25회

- 재무상태표 관련 자료

계정과목	20×1년 1월 1일	20×1년 12월 31일
매출채권	₩2,800	₩1,300
선급비용	₩1,000	₩1,800
미지급이자	₩80	₩40
단기차입금	₩1,500	₩1,250
자본금	₩500	₩1,200

- 20×1년 감가상각비   ₩900
- 20×1년 유형자산처분손실   ₩2,100
- 이자비용(미지급이자)은 영업활동으로 분류한다.
- 자본금 변동은 유상증자로 인한 것이며 모든 자산, 부채, 자본변동은 현금거래로 인한 것이다.

	법인세비용 차감전순이익	재무활동순현금흐름
①	₩7,800	순유입액 ₩410
②	₩8,300	순유입액 ₩450
③	₩8,340	순유입액 ₩450
④	₩8,640	순유입액 ₩410
⑤	₩8,800	순유출액 ₩250

톺아보기

문제는 발생주의 전환과 재무활동현금흐름을 계산하는 혼합형 문제이다.
(1) 발생주의 전환: 법인세비용 차감전순이익의 계산

영업활동현금흐름	12,000	법인세비용 차감전순이익	8,340
[수익계정 제거]		[비용계정 제거]	
		유형자산처분손실	2,100
		감가상각비	900
[영업활동 관련 자산의 증가, 부채의 감소]		[영업활동 관련 자산의 감소, 부채의 증가]	
선급비용의 증가	800		
미지급이자 감소	40	매출채권의 감소	1,500
	12,840		12,840

(2) 재무활동순현금흐름 = ₩700(자본의 증가) − ₩250(부채의 감소) = ₩450 현금유입

정답 | 04 ⑤ 05 ③

제15장 / 재무제표 분석

01 (주)한국의 20×1년 초 재무상태표상 당좌자산은 ₩3,500, 재고자산은 ₩1,500, 유동부채는 ₩2,000으로 나타났다. (주)한국이 20×1년 중 상품 ₩1,000을 현금매입하고 외상매출금 ₩500을 현금회수한 경우 (가) 당좌비율과 (나) 유동비율에 미치는 영향은? [단, (주)한국의 유동자산은 당좌자산과 재고자산만으로 구성되어 있으며, 계속기록법을 적용한다]

제27회

(가)	(나)		(가)	(나)
① 감소	감소		② 감소	불변
③ 증가	감소		④ 증가	불변
⑤ 불변	불변			

톺아보기

(1) 거래 [1] 상품 1,000 현금매입
　당좌자산 -1,000, 재고자산 +1,000, 유동부채 변화 없음
　⇨ 유동자산 합계는 5,000으로 불변
　⇨ 당좌자산만 줄어들었으므로 당좌비율은 감소, 유동비율은 불변
(2) 거래 [2] 외상매출금 500 현금회수
　현금(당좌) +500, 외상매출금 -500(모두 당좌자산) ⇨ 당좌자산 총액 변화 없음
　⇨ 유동자산 합계도 불변
　⇨ 비율에 영향 없음
(3) 두 거래가 순차적으로 모두 일어난 뒤의 결과
　전체적으로 당좌자산은 3,500 ⇨ (-1,000) ⇨ 2,500 ⇨ (+0) = 2,500
　재고자산은 1,500 ⇨ (+1,000) = 2,500
　⇨ 유동자산 합계 5,000 불변
　⇨ 유동부채 2,000 불변
따라서 당좌비율: 3,500 ⇨ 2,500 (감소)
　　　유동비율: 5,000 ÷ 2,000 ⇨ 5,000 ÷ 2,000(불변)

02

(주)한국의 20×1년 6월 말 현재 유동자산은 ₩125,000, 당좌자산은 ₩20,000, 유동부채는 ₩100,000이다. (주)한국은 20×1년 7월 1일에 상품을 ₩10,000(원가 ₩5,000)에 판매하면서, 현금 ₩5,000을 수령하고 나머지는 1달 후에 받기로 하였다. 동 거래를 반영한 후의 당좌비율은? (단, 상품기록은 계속기록법을 적용한다)

제28회

① 20% ② 25% ③ 30%
④ 130% ⑤ 135%

톺아보기

당좌비율 = $\dfrac{\text{당좌자산}}{\text{유동부채}} \times 100$

(1) 거래 후 당좌자산 계산
   ₩20,000(기존) + ₩5,000(현금 증가) + ₩5,000(매출채권 증가) = ₩30,000
(2) 거래 후 유동부채 계산
   이 거래는 유동부채에 영향을 주지 않으므로 거래 후 유동부채는 ₩100,000이다. ⇨ 변동 없음
(3) 당좌비율 계산
   당좌비율 = $\dfrac{30,000}{100,000} = 0.3$

따라서 당좌비율은 30%이다.

03

(주)한국의 평균총자산액은 ₩40,000이고, 매출액순이익률은 5%이며, 총자산회전율(평균총자산 기준)이 3회일 경우, 당기순이익은?

제22회

① ₩2,000 ② ₩4,000
③ ₩5,000 ④ ₩6,000
⑤ ₩8,000

톺아보기

(1) 총자산회전율 = 매출액 ÷ 평균총자산 = 매출액 ÷ ₩4,000 = 3회
   ∴ 매출액 = ₩120,000
(2) 매출액순이익률 = 당기순이익 ÷ 매출액 = 당기순이익 ÷ ₩120,000 = 5%
   ∴ 당기순이익 = ₩6,000

정답 | 01 ② 02 ③ 03 ④

04 (주)한국의 다음 자료를 이용하여 구한 재고자산회전율은? (단, 재고자산회전율은 매출원가 및 기초와 기말의 평균재고자산을 이용하며, 계산결과는 소수점 둘째자리에서 반올림한다) 제27회

• 기초재고자산	₩18,000	• 당기매입액	₩55,000
• 당기매출액	₩80,000	• 매출총이익률	30%

① 2.0회 ② 3.2회
③ 4.7회 ④ 5.1회
⑤ 6.0회

톺아보기

재고자산회전율 = 매출원가 / 평균재고자산

$$3.2회 = \frac{₩56,000}{₩17,500^{1)}}$$

재고자산			
18,000	56,000	← 80,000 × 0.7	I/S
55,000	17,000		80,000
73,000	73,000		

1) $\frac{₩18,000 + 17,000}{2}$

05 (주)한국의 다음 자료를 이용하여 계산한 20×1년 기말 재무상태표상 매출채권은? (단, 매출채권의 손상차손은 없다) 제28회

• 20×1년 기초매출채권 ₩400,000
• 20×1년도 신용매출액 ₩5,000,000
• 20×1년도 신용매출액과 평균매출채권을 이용하여 계산한 매출채권회전율 10회

① ₩400,000 ② ₩450,000
③ ₩500,000 ④ ₩550,000
⑤ ₩600,000

톺아보기

(1) 평균매출채권 계산
   - 매출채권회전율 공식을 이용하여 평균매출채권을 구한다.
   - 평균매출채권 = 신용매출액 ÷ 매출채권회전율
     = ₩5,000,000 ÷ 10회 = ₩500,000
(2) 기말매출채권 계산
   - 평균매출채권 공식을 이용하여 기말매출채권을 구한다.
     평균매출채권 = (기초매출채권 + 기말매출채권) ÷ 2
     = (₩400,000 + 기말매출채권) ÷ 2 = ₩500,000
     = ₩400,000 + 기말매출채권 = ₩1,000,000
   - 기말매출채권 = ₩1,000,000 − ₩400,000 = ₩600,000

06 상중하

(주)한국의 20×0년 매출액은 ₩800이며, 20×0년과 20×1년의 매출액순이익률은 각각 15%와 20%이다. 20×1년 당기순이익이 전기에 비해 25% 증가하였을 경우, 20×1년 매출액은?   제25회

① ₩600   ② ₩750
③ ₩800   ④ ₩960
⑤ ₩1,000

톺아보기

20×0년 매출액순이익률과 매출액을 이용하여 당기순이익을 계산한 후 20×1년 당기순이익은 20×0년 당기순이익의 25%가 증가하였으므로 이를 반영한 20×1년 당기순이익과 주어진 20×1년 매출액순이익률을 이용하여 20×1년 매출액을 계산한다.

(1) 20×0년 매출액순이익률 = 당기순이익 ÷ 매출액 = 15%
    = 당기순이익(㉠) ÷ ₩800 = 15%
    ∴ 당기순이익(㉠) = ₩120
(2) 20×1년 매출액순이익률 = (₩120 × 1.25) ÷ 매출액(㉡) = 20%
    ∴ 매출액(㉡) = ₩750

정답 | 04 ②   05 ⑤   06 ②

(주)한국의 20×1년도 포괄손익계산서는 다음과 같다.

손익구성항목	금액
매출액	₩1,000,000
매출원가	₩(600,000)
매출총이익	₩400,000
기타영업비용	₩(150,000)
영업이익	₩250,000
이자비용	₩(62,500)
당기순이익	₩187,500

(주)한국의 20×2년도 손익을 추정한 결과, 매출액과 기타영업비용이 20×1년도보다 각각 10%씩 증가하고, 20×2년도의 이자보상비율(= 영업이익/이자비용)은 20×1년 대비 1.25배가 될 것으로 예측된다. 매출원가율이 20×1년도와 동일할 것으로 예측될 때, (주)한국의 20×2년도 추정 당기순이익은? 제26회

① ₩187,500
② ₩200,000
③ ₩217,500
④ ₩220,000
⑤ ₩232,000

톺아보기

(1) 20×1년 이자보상비율 = 영업이익 ÷ 이자비용 = ₩250,000 ÷ ₩62,500 = 4배
20×2년 이자보상비율 = 20×1년 이자보상비율 × 1.25배 = 4 × 1.25배 = 5배

(2) 20×2년도 추정 당기순이익

손익구성항목	금액
매출액	₩1,000,000 × 1.1 = ₩1,100,000
매출원가	₩1,100,000 × ㉠ 0.6 = (₩660,000)
매출총이익	₩440,000
기타영업비용	₩150,000 × 1.1 = (₩165,000)
영업이익	₩275,000
이자비용	㉡ (₩55,000)
당기순이익	₩220,000

㉠ 매출원가율 = 매출원가 ÷ 순매출액 = ₩600,000 ÷ ₩1,000,000 = 60%
㉡ 이자보상비율 = ₩275,000 ÷ 이자비용 = 5배
∴ 이자비용 = ₩55,000

정답 | 07 ④

house.Hackers.com
2026 해커스 주택관리사(보) **기출문제집**

3개년 출제비중분석

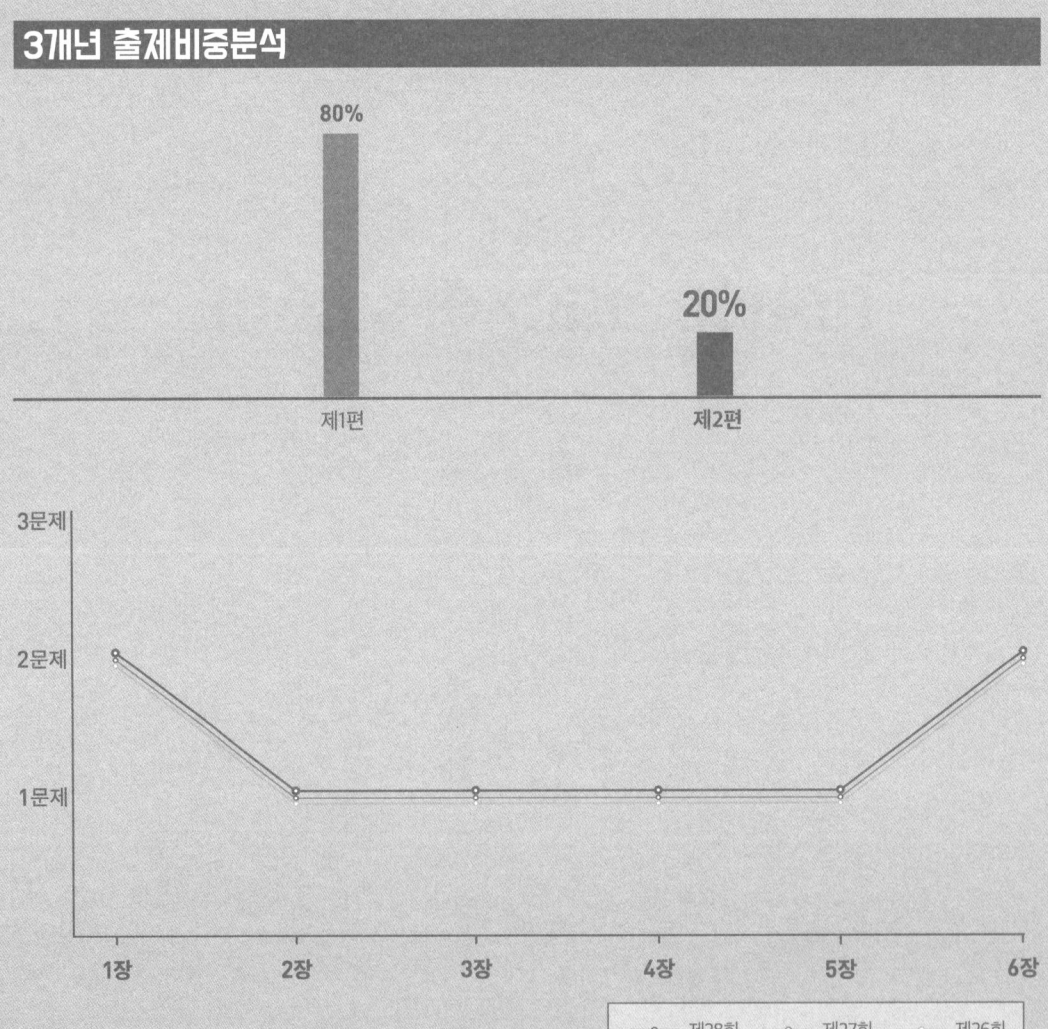

제2편

원가 · 관리회계

제1장 원가
제2장 제품별 원가계산
제3장 원가의 추정과 원가 · 조업도 · 이익분석(CVP분석)
제4장 전부원가계산과 변동원가계산
제5장 표준원가계산
제6장 특수의사결정회계

제1장 / 원가

기본서 p.414~422

01

(주)한국의 20×1년 6월 영업자료에서 추출한 정보이다.

• 직접노무원가	₩170,000	• 기타제조간접원가	₩70,000
• 간접노무원가	₩100,000	• 기초직접재료재고액	₩10,000
• 감가상각비(본부사옥)	₩50,000	• 기말직접재료재고액	₩15,000
• 보험료(공장설비)	₩30,000	• 기초재공품재고액	₩16,000
• 판매수수료	₩20,000	• 기말재공품재고액	₩27,000

6월 중 당기제품제조원가가 ₩554,000이라면 6월의 직접재료매입액은? 제23회

① ₩181,000
② ₩190,000
③ ₩195,000
④ ₩200,000
⑤ ₩230,000

톺아보기

직접재료 · 재공품			
기초직접재료	10,000	제품제조원가	554,000
기초재공품	16,000	기말직접재료	15,000
직접재료매입액	x	기말재공품	27,000
직접노무원가	170,000		
제조간접원가*	200,000		
	596,000		596,000

* 제조간접원가 = ₩100,000 + ₩30,000 + ₩70,000 = ₩200,000

∴ 직접재료매입액(x) = ₩200,000

02 (주)한국의 20×1년도 매출액은 ₩115,000이며 매출총이익률은 40%이다. 같은 기간 직접재료매입액은 ₩22,000이고, 제조간접원가발생액은 직접노무원가의 50% 이다. 20×1년 기초 및 기말재고자산이 다음과 같을 때, 20×1년에 발생한 제조간접원가는?

제24회

구분	직접재료	재공품	제품
기초재고	₩4,000	₩8,000	₩20,400
기말재고	₩5,200	₩7,200	₩21,000

① ₩10,400
② ₩16,000
③ ₩20,800
④ ₩26,400
⑤ ₩32,000

톺아보기

직접재료 · 재공품 · 제품

기초직접재료	4,000	(1) 매출원가	69,000
기초재공품	8,000	기말직접재료	5,200
기초제품	20,400	기말재공품	7,200
재료매입액	22,000	기말제품	21,000
(2) 가공(전환)원가	48,000		
	102,400		102,400

(1) 매출원가 = 매출액 × (1 − 매출총이익률)
    = ₩115,000 × (1 − 0.4) = ₩69,000
(2) 가공(전환)원가 = $x + 0.5x$ = ₩48,000
    ∴ x = ₩32,000
(3) 제조간접원가 = 0.5 × ₩32,000 = ₩16,000

03 (주)한국은 실제원가계산을 적용하고 있으며, 20×1년의 기초 및 기말재고자산은 다음과 같다.

구분	기초	기말
직접재료	₩10,000	₩12,000
재공품	₩100,000	₩95,000
제품	₩50,000	₩55,000

당기매출원가가 ₩115,000일 경우, 당기총제조원가는? 제25회

① ₩115,000 ② ₩120,000
③ ₩125,000 ④ ₩130,000
⑤ ₩135,000

톺아보기

재공품 · 제품			
기초재공품	100,000	매출원가	115,000
기초제품	50,000	기말재공품	95,000
당기총제조원가(x)	115,000	기말제품	55,000
	265,000		265,000

04 (주)한국의 20×1년 발생원가는 다음과 같다.

직접재료원가	직접노무원가	제조간접원가
₩10,000	₩20,000	₩24,000

20×1년 기초재공품이 ₩5,000이고, 기말재공품이 ₩4,000일 때, 20×1년 당기제품제조원가는? 제26회

① ₩52,000 ② ₩53,000
③ ₩54,000 ④ ₩55,000
⑤ ₩56,000

톺아보기

당기제품제조원가는 재공품계정에서 계산된다.

	재공품		
기초재공품	5,000	제품제조원가	55,000
직접재료원가	10,000	기말재공품	4,000
직접노무원가	20,000		
제조간접원가	24,000		
	59,000		59,000

05 상**중**하

(주)한국의 당기에 발생한 원가자료는 다음과 같다.

- 기본원가 ₩25,000
- 전환원가 ₩30,000
- 직접노무원가 ₩10,000

기초제공품보다 기말제공품이 ₩3,000 더 많을 때, 당기제품제조원가는? 제28회

① ₩42,000
② ₩45,000
③ ₩48,000
④ ₩52,000
⑤ ₩58,000

톺아보기

	재공품		
직접재료원가	15,000	당기제품제조원가	₩42,000
직접노무원가	10,000		
제조간접원가	20,000	기말재공품	3,000
	45,000		45,000

(1) 직접재료원가 = 기본원가 − 직접노무원가
  = ₩25,000 − ₩10,000 = ₩15,000
(2) 제조간접원가 = 전환원가 − 직접노무원가
  = ₩30,000 − ₩10,000 = ₩20,000
(3) 당기제품제조원가 = 당기총제조원가 − 기말재공품
  = ₩45,000 − ₩3,000 = ₩42,000

정답 | 03 ① 04 ④ 05 ①

06 (주)한국의 20×1년 원가자료는 다음과 같다. 직접노무원가가 기본원가(prime cost)의 40%일 때 기말재공품금액은?   제27회

• 직접재료원가	₩90,000
• 제조간접원가	₩70,000
• 당기제품제조원가	₩205,000
• 기초재공품	₩5,000

① ₩10,000 ② ₩20,000
③ ₩60,000 ④ ₩90,000
⑤ ₩110,000

톺아보기

재공품			
기초재공품	5,000	당기제품제조원가	205,000
직접재료원가	90,000		
직접노무원가*	60,000		
제조간접원가	70,000	기말재공품(Y)	20,000
	225,000		225,000

기본원가(x) = 직접재료원가 + 직접노무원가
x = 90,000 + 0.4x
0.6x = 90,000
x = 150,000
∴ 기본원가(₩150,000) = 직접재료원가(₩90,000) + 직접노무원가(₩60,000)
그러므로 기말재공품(Y) = 225,000 − 205,000 = ₩20,000

(주)한국은 두 개의 보조부문(S1, S2)과 두 개의 제조부문(P1, P2)으로 제품을 생산하고 있다. 각 부문원가와 용역수수관계는 다음과 같다.

구분	보조부문		제조부문	
	S1	S2	P1	P2
부문원가	?	₩140,000	–	–
S1	–	40	20	40
S2	30	–	40	30

직접배부법으로 보조부문원가를 배부한 결과, P1에 배부된 보조부문의 원가합계액이 ₩120,000인 경우, S1에 집계된 부문원가는? 제25회

① ₩100,000   ② ₩110,000
③ ₩120,000   ④ ₩130,000
⑤ ₩140,000

톺아보기

P1에 배부된 보조부문원가 = [S1 × 0.2/(0.2 + 0.4)] + [₩140,000 × 0.4/(0.4 + 0.3)] = ₩120,000
∴ S1 = ₩120,000

08 (주)한국은 두 개의 보조부문(S1, S2)과 두 개의 제조부문(P1, P2)으로 제품을 생산하고 있다. 각 부문원가와 용역수수관계는 다음과 같다.

연도	보조부문		제조부문	
	S1	S2	P1	P2
20×1년	₩80,000	₩70,000	?	?
S1	−	20%	50%	30%
S2	30%	−	40%	30%

직접배분법으로 보조부문원가를 제조부문에 배분하는 경우, 제조부문 P1에 배분될 총보조부문원가는?   제28회

① ₩70,000
② ₩80,000
③ ₩90,000
④ ₩100,000
⑤ ₩110,000

톺아보기

P1 = S1 + S2
  = 0.625 + 0.57
S1 = ₩80,000, S2 = ₩70,000이므로,
P1 = (0.625 × ₩80,000) + (0.57 × ₩70,000) = ₩90,000

(주)한국은 두 개의 보조부문(S1, S2)과 두 개의 제조부문(P1, P2)을 운영하며, 단계배부법을 사용하여 보조부문원가를 제조부문에 배분한다. 보조부문원가 배분 전 S1에 집계된 원가는 ₩120,000이고, S2에 집계된 원가는 ₩110,000이다. 부문간의 용역수수관계가 다음과 같을 때, P1에 배분될 총보조부문원가는? (단, S1 부문원가를 먼저 배분한다)

제26회

제공＼사용	S1	S2	P1	P2
S1	20%	20%	20%	40%
S2	30%	—	42%	28%

① ₩88,800
② ₩96,000
③ ₩104,400
④ ₩106,000
⑤ ₩114,000

톺아보기

제공＼사용	S1	S2	P1	P2
부문원가	₩120,000	₩110,000		
S1	(₩120,000)	(1) ₩30,000 25%	₩30,000 25%	₩60,000 50%
S2	30%	(₩140,000)	(2) ₩84,000 42%	₩56,000 28%
합계			₩114,000	₩116,000

S1(₩120,000) × $\frac{20}{80}$ = S1(₩130,000)

S1(₩120,000) × $\frac{20}{80}$ = P1(₩130,000)

S2(₩140,000) × $\frac{42}{70}$ = P1(₩84,000)

정답 | 08 ③ 09 ⑤

10

(주)한국은 두 개의 보조부문(S1, S2)과 두 개의 제조부문(P1, P2)으로 제품을 생산하고 있다. 각 부문원가와 용역수수관계는 다음과 같다.

구분	보조부문		제조부문		계
	S1	S2	P1	P2	
부문원가	₩250,000	₩152,000	–	–	
S1	–	40	20	40	100%
S2	40	–	40	20	100%

상호배부법으로 보조부문원가를 배부한 결과, S1의 총부문원가는 S2로부터 배부받은 ₩120,000을 포함하여 ₩370,000이었다. P2에 배부되는 보조부문원가 합계액은?

제23회

① ₩164,400
② ₩193,200
③ ₩194,000
④ ₩208,000
⑤ ₩238,400

톺아보기

상호배분법은 보조부문 상호간의 용역수수관계를 완전히 인식하는 배분방법이다.
보조부문 S1의 총부문원가가 ₩370,000이 주어져 있으므로 다음처럼 보조부문 S2의 총부문원가를 계산한다.
S2 = ₩152,000 + 0.4S1이므로 S1에 ₩370,000을 대입하여 풀이하면 S2의 총부문원가는 ₩300,000이다.
P2에 배부되는 보조부문원가 = 0.4S1 + 0.2S2
= (0.4 × ₩370,000) + (0.2 × ₩300,000) = ₩208,000

11

(주)한국은 1개의 보조부문 S와 2개의 제조부문 P1과 P2를 통해 제품을 생산하고 있다. 부문공통원가인 화재보험료와 감가상각비는 각 부문의 점유면적을 기준으로 배분한다. 20×1년 6월의 관련 자료가 다음과 같을 때 보조부문원가를 배분한 후 제조부문 P1의 부문원가(총액)는?

제27회

구분	보조부문	제조부문		계
	S	P1	P2	
부문공통원가 화재보험료 감가상각비				₩16,000 ₩14,000
부문개별원가	₩10,000	₩15,000	₩18,000	
점유면적(m²)	20	30	50	100
용역수수관계(%)	20	50	30	100

① ₩21,000 ② ₩24,000
③ ₩28,000 ④ ₩32,000
⑤ ₩34,000

톺아보기

구분	보조부문	제조부문		계
	S	P1	P2	
부문공통원가 화재보험료 감가상각비	₩3,200 ₩2,800	₩4,800* ₩4,200**	₩8,000 ₩7,000	₩16,000 ₩14,000
부문개별원가	₩10,000	₩15,000	₩18,000	
점유면적(m²)	20	30	50	100
용역수수관계(%)	20	50	30	100

* ₩16,000 × 0.3 = 4,800
** ₩14,000 × 0.3 = 4,200

(1) 보조부문(S)의 총원가는 ₩16,000이다. 이것을 제조부문 P1에 배분하면

$₩16,000 \times \frac{50\%}{50\% + 30\%} = ₩10,000$이다.

(2) 제조부문 P1의 부문원가(총액) = ₩15,000 + ₩4,800 + ₩4,200 + ₩10,000 = ₩34,000

정답 | 10 ④ 11 ⑤

제2장 / 제품별 원가계산

기본서 p.432~449

01 정상원가계산하에서 개별원가계산제도를 적용하는 경우, 과대 또는 과소배분된 제조간접원가 배부차이를 비례배분법에 의해 조정할 때, 차이조정이 반영되는 계정으로 옳은 것을 모두 고른 것은? (단, 모든 계정잔액은 '0'이 아니다) 제22회

㉠ 기초재공품	㉡ 기말원재료
㉢ 기말재공품	㉣ 기초제품
㉤ 기말제품	㉥ 매출원가

① ㉠, ㉡, ㉢
② ㉡, ㉢, ㉣
③ ㉡, ㉤, ㉥
④ ㉢, ㉣, ㉤
⑤ ㉢, ㉤, ㉥

톺아보기

★ 제조간접원가 배부차이를 기말재공품(㉢), 기말제품(㉤) 그리고 매출원가(㉥)에 비례해서 배분하는 방법이 비례배분법이다.

02 (주)한국은 정상개별원가계산제도를 채택하고 있다. 제조간접원가는 직접노무원가를 기준으로 예정배부하고 있으며, 제조간접원가 배부차이는 전액 매출원가에서 조정하고 있다. 당기 원가자료가 다음과 같을 때, 당기제품제조원가는? (단, 제조간접원가 예정배부율은 매 기간 동일하다)

제24회

구분	직접재료원가	직접노무원가	제조간접원가
기초재공품	₩2,500	₩2,800	₩4,200
당기실제발생액	₩15,000	₩18,000	₩25,500
기말재공품	₩3,000	₩3,800	?

① ₩55,500
② ₩56,000
③ ₩56,500
④ ₩57,000
⑤ ₩57,500

톺아보기

제조간접원가 예산액과 예정조업도가 제시되지 않고 제조간접원가 예정배부율이 매 기간 동일하다는 단서가 제시되었으므로 기초재공품에 포함된 제조간접원가와 직접노무원가의 관계를 통해 예정배부율을 계산한다.

제조간접원가 예정배부율 = ₩4,200 ÷ ₩2,800 = ₩1.5/직접노무원가

★ 정상개별원가계산에 의한 제품제조원가는 기초재공품에 직접재료원가와 직접노무원가 및 제조간접원가 예정배부액을 가산하고 기말재공품을 차감하여 계산한다.

재공품

기초재공품	9,500	제품제조원가	57,000
직접재료원가	15,000	기말재공품	12,500**
직접노무원가	18,000		
제조간접원가	27,000*		
	69,500		69,500

* 제조간접원가 예정배부액 = ₩18,000 × 1.5 = ₩27,000
** 기말재공품 = ₩3,000 + ₩3,800 + (₩3,800 × 1.5) = ₩12,500

정답 | 01 ⑤ 02 ④

(주)한국은 복수의 제품을 생산·판매하고 있으며, 활동기준원가계산을 적용하고 있다. (주)한국은 제품원가계산을 위해 다음과 같은 자료를 수집하였다.

구분	활동원가	원가동인	총원가동인 수
조립작업	₩500,000	조립시간	25,000시간
주문처리	₩75,000	주문횟수	1,500회
검사작업	₩30,000	검사시간	1,000시간

제품	생산수량	단위당 직접제조원가		조립작업	주문처리	검사작업
		직접재료원가	직접노무원가			
A	250개	₩150	₩450	400시간	80회	100시간

(주)한국이 당기에 A제품 250개를 단위당 ₩1,000에 판매한다면, A제품의 매출총이익은?   제22회

① ₩65,000
② ₩70,000
③ ₩75,000
④ ₩80,000
⑤ ₩85,000

톺아보기

구분	활동원가	원가동인	총원가동인 수	활동별 단위당 배부율
조립작업	₩500,000	조립시간	25,000시간	₩20/조립시간
주문처리	₩75,000	주문횟수	1,500회	₩50/주문횟수
검사작업	₩30,000	검사시간	1,000시간	₩30/검사시간

제품	생산수량	단위당 직접제조원가		조립작업	주문처리	검사작업
		직접재료원가	직접노무원가			
A	250개	₩150×250개 = ₩37,500	₩450×250개 = ₩112,500	400시간×₩20 = ₩8,000	80회×₩50 = ₩4,000	100시간×₩30 = ₩3,000

매출총이익 = 순매출액 - 매출원가
= (₩1,000 - ₩150 - ₩450) × 250개 - ₩8,000 - ₩4,000 - ₩3,000 = ₩85,000

04 (주)한국은 종합원가계산을 사용하고 있다. 20×1년 생산에 관련된 자료는 다음과 같다.

	수량	완성도
기초재공품	200단위	30%
당기착수량	1,300단위	
당기완성량	1,000단위	
기말재공품	500단위	40%

가공원가(전환원가)가 공정 전반에 걸쳐 균등하게 발생한다면, 가중평균법과 선입선출법간에 가공원가(전환원가)의 완성품환산량 차이는? 제25회

① 60단위 ② 120단위
③ 180단위 ④ 240단위
⑤ 300단위

톺아보기

★ 가중평균법과 선입선출법의 가공원가(전환원가)의 완성품환산량 차이는 기초재공품 완성품환산량(200단위 × 30% = 60단위)만큼 차이가 난다.

정답 | 03 ⑤ 04 ①

05

(주)한국은 가중평균법에 의한 종합원가계산제도를 채택하고 있으며, 모든 원가는 공정 전반에 걸쳐 균등하게 발생한다. (주)한국의 당기제조활동에 관한 자료는 다음과 같다.

• 기초재공품	수량	200단위
	직접재료원가	₩25,000
	전환원가	₩15,000
	완성도	30%
• 당기투입원가	직접재료원가	₩168,000
	전환원가	₩92,000
• 완성품	수량	900단위
• 기말재공품	수량	400단위
	완성도	?

(주)한국의 당기완성품 단위당 원가가 ₩250일 경우, 기말재공품의 완성도는? (단, 공정 전반에 대해 공손과 감손은 발생하지 않는다)   제24회

① 55%   ② 60%
③ 65%   ④ 70%
⑤ 75%

톺아보기

재공품			
기초재공품	40,000	완성품원가*	225,000
투입	260,000	기말재공품 **	75,000
	300,000		300,000

* 완성품원가 = 900단위 × ₩250 = ₩225,000
** 기말재공품 = (400단위 × 완성도) × ₩250 = ₩75,000
    400단위 × 완성도 = 300개
∴ 완성도 = 75%

06 단일 제품을 생산하는 (주)한국은 선입선출법을 적용하여 종합원가계산을 한다. 전환원가(가공원가)는 전체 공정에 걸쳐 균등하게 발생한다. 생산 관련 자료는 다음과 같으며, 괄호 안의 숫자는 전환원가 완성도를 의미한다.

기초재공품	당기착수량	기말재공품
100단위(40%)	1,000단위	200단위(50%)

기초재공품 원가에 포함된 전환원가는 ₩96,000이고, 당기에 발생한 전환원가는 ₩4,800,000이다. 완성품환산량 단위당 전환원가는? (단, 공손과 감손은 발생하지 않는다)

제26회

① ₩4,800
② ₩4,896
③ ₩5,000
④ ₩5,100
⑤ ₩5,690

톺아보기

(1) 완성수량 = 기초수량 + 당기착수량 − 기말수량
  = 100단위 + 1,000단위 − 200단위 = 900단위
(2) 전환원가 완성품환산량 = 900단위 − (100단위 × 40%) + (200단위 × 50%) = 960단위
(3) 전환원가 완성품환산량 단위당 원가 = 당기투입원가 ÷ 완성품환산량
  = ₩4,800,000 ÷ 960단위 = ₩5,000

정답 | 05 ⑤ 06 ③

07 (주)한국은 선입선출법을 적용하여 종합원가계산을 하며, 전환원가는 전체 공정에 걸쳐 균등하게 발생한다. 관련 자료는 다음과 같으며, 괄호 안의 숫자는 전환원가 완성도를 의미한다.

기초재공품	당기착수	기말재공품
200단위(40%)	800단위	100단위(50%)

완성품환산량 단위당 전환원가가 ₩100이라면, 당기에 발생한 전환원가는? (단, 공손과 감손은 발생하지 않는다)

제28회

① ₩80,000
② ₩83,000
③ ₩85,000
④ ₩87,000
⑤ ₩95,000

톺아보기

```
                        선입선출법
    재공품              CC
200(40%)  900  ┌ 200    120
               └ 700    700
  800    100(50%)        50
                  완성품 환산량  870
```

당기발생원가 = 완성품환산량 × 단위당 원가
₩87,000   =   870개   ×   ₩100

08 (주)한국은 가중평균법으로 종합원가계산을 적용하고 있다. 모든 원가는 공정 전반에 걸쳐 균등하게 발생한다. 20×1년 기초재공품수량은 100개(완성도 60%), 당기착수수량은 1,100개, 당기완성품수량은 900개, 기말재공품수량은 200개(완성도 30%)이다. 20×1년의 완성품환산량 단위당 원가는 ₩187이다. 품질검사는 완성도 40% 시점에서 이루어지며, 검사를 통과한 합격품의 5%를 정상공손으로 간주한다. 정상공손원가를 정상품에 배분한 후의 기말재공품금액은? 제27회

① ₩11,220
② ₩11,430
③ ₩11,640
④ ₩11,810
⑤ ₩11,890

톺아보기

재공품			
기초재공품	100개(60%)	당기완성품수량	900개
당기착수수량	1,100개	공손품	100개(40%)
		기말재공품수량	200개(30%)
	1,200		1,200

(1) 기말재공품금액 = 60개 × ₩187 = ₩11,220
(2) 공손품금액 = 40개 × ₩187 = ₩7,480
(3) 공손품은 완성도 40% 시점에 품질검사를 진행하며, 기말재공품은 30% 시점에 진행되므로 공손품금액은 기말재공품에 배분되지 않는다. 따라서 기말재공품금액은 ₩11,220이다.

정답 | 07 ④ 08 ①

09 (주)한국은 세 가지 결합제품(A, B, C)을 생산하고 있으며, 결합원가는 분리점에서의 상대적 판매가치에 의해 배분된다. 관련 자료는 다음과 같다.

구분	A	B	C	합계
결합원가배분액	?	₩10,000	?	₩100,000
분리점에서 판매가치	₩80,000	?	?	₩200,000
추가가공원가	₩3,000	₩2,000	₩5,000	
추가가공 후 판매가치	₩85,000	₩42,000	₩120,000	

결합제품 C를 추가가공하여 모두 판매하는 경우 결합제품 C의 매출총이익은? (단, 공손과 감손, 재고자산은 없다)   제23회

① ₩65,000
② ₩70,000
③ ₩80,000
④ ₩110,000
⑤ ₩155,000

톺아보기

구분	A	B	C	합계
결합원가배분액	(2) ₩40,000	₩10,000	(3) ₩50,000	₩100,000
분리점에서 판매가치	₩80,000 (1) 0.4	?	?	₩200,000
추가가공원가	₩3,000	₩2,000	₩5,000	
추가가공 후 판매가치	₩85,000	₩42,000	₩120,000	

(1) ₩80,000 ÷ ₩200,000 = 0.4
(2) ₩100,000 × 0.4 = ₩40,000
(3) ₩100,000 - ₩40,000 - ₩10,000 = ₩50,000

★ 결합원가계산에 의한 매출총이익은 매출액에서 결합원가배분액과 추가가공원가를 차감한 금액이다.
매출총이익(C) = 매출액 - 매출원가 = 매출액 - (결합원가배분액 + 추가가공원가)
= ₩120,000 - (₩50,000 + ₩5,000) = ₩65,000

정답 | 09 ①

제3장 / 원가의 추정과 원가 · 조업도 · 이익분석(CVP분석)

기본서 p.464~469

01 [상중하]

(주)한국은 고저점법을 사용하여 전력비를 추정하고 있다. 20×1년 월별 전력비 및 기계시간에 근거한 원가추정식에 의하면, 전력비의 단위당 변동비는 기계시간당 ₩4이었다. 20×1년 최고 조업도수준은 1,100 기계시간이었고, 이 때 발생한 전력비는 ₩9,400이었다. 20×1년 최저 조업도수준에서 발생한 전력비가 ₩8,800일 경우의 조업도수준은?

제22회

① 800 기계시간
② 850 기계시간
③ 900 기계시간
④ 950 기계시간
⑤ 1,000 기계시간

톺아보기

고저점법에 의한 단위당 변동원가는 고점의 총원가와 저점의 총원가의 차이를 고점의 조업도와 저점의 조업도차이로 나눈 금액이다.

단위당 변동원가 = (고점의 총원가 − 저점의 총원가) ÷ (고점의 조업도 − 저점의 조업도)
= (₩9,400 − ₩8,800) ÷ (1,100시간 − x) = ₩4

∴ x = 950시간

정답 | 01 ④

02 (주)한국은 정상원가계산제도를 채택하고 있으며, 직접노무시간을 기준으로 제조간접원가를 배부하고 있다. (주)한국의 20×1년 제조간접원가는 다음과 같이 추정된다.

$$y = 30{,}000 + 400x \quad (x:\text{직접노무시간}, \; y:\text{제조간접원가})$$

다음 설명 중 옳지 않은 것은? (단, 직접노무시간 1,000시간까지는 관련 범위 내에 있다)

제23회

① 직접노무시간이 200시간으로 예상될 때 제조간접원가는 ₩110,000으로 추정된다.
② 직접노무시간이 300시간으로 예상될 때 제조간접원가 예정배부율은 ₩500이다.
③ 직접노무시간이 400시간일 때 제조간접원가의 변동예산액은 ₩160,000이다.
④ 직접노무시간당 제조간접원가는 ₩400 증가하는 것으로 추정된다.
⑤ 직접노무시간이 영(0)일 때 제조간접원가는 ₩30,000으로 추정된다.

톺아보기

③ y = ₩30,000 + (400 × 400시간) = ₩190,000
① y = ₩30,000 + (400 × 200시간) = ₩110,000
② y = ₩30,000 + (400 × 300시간) = ₩150,000, 예정배부율은 ₩150,000/300 = ₩500이다.
④ 단위당 변동원가 ₩400은 일정하다.
⑤ 고정원가는 조업도의 변동에 관계없이 항상 원가총액(고정원가 ₩30,000)이 일정하게 발생한다.

03 타일시공 전문업체인 (주)한국은 새로운 프리미엄 타일시공법을 개발하고, 이에 대한 홍보를 위해 10m² 면적의 호텔 객실 1개에 대하여 무료로 프리미엄 타일시공을 수행하면서 총 20시간의 직접노무시간을 투입하였다. (주)한국은 프리미엄 타일시공의 경우 직접노무시간이 90%의 학습률을 가지는 학습효과가 존재하고, 누적평균시간 학습곡선모형을 따를 것으로 추정하고 있다. (주)한국은 동 호텔로부터 동일한 구조와 형태 및 면적(10m²)의 7개 객실(총 70m²)에 대한 프리미엄 타일시공 의뢰를 받았다. 이와 관련하여 투입될 것으로 추정되는 직접노무시간은? (단, 시공은 10m² 단위로 수행된다)

제24회

① 90시간 ② 96.64시간
③ 116.64시간 ④ 126시간
⑤ 140시간

톺아보기

★ 학습곡선이란 경험이 능률에 미치는 영향을 측정한 것으로, 생산량의 누계가 증가함에 따라 단위당 평균직접노동시간이 체계적으로 감소하는 원가함수를 말한다. 본 문제의 경우 학습률이 90%이므로 누적생산량이 2배가 될 때 단위당 평균시간이 90%로 감소되는 원가형태를 나타낸다.

누적생산단위(객실)	단위당 평균시간	총시간
1	20시간	20시간
2	18시간	36시간
4	16.2시간	64.8시간
8	14.58시간	116.64시간

7개 객실의 추정 직접노무시간 = 116.64시간 − 20시간 = 96.64시간

04 (주)한국의 20×1년 5개월간의 기계시간과 전력비 관련 자료는 다음과 같다.

월	기계시간	전력비
1	1,000시간	₩41,000
2	1,300시간	₩53,000
3	1,500시간	₩61,000
4	1,400시간	₩57,000
5	1,700시간	₩69,000

(주)한국이 위의 자료에 기초하여 고저점법에 의한 전력비 원가함수를 결정하였다. 이를 사용하여 20×1년 6월 전력비를 ₩81,000으로 예상한 경우, 20×1년 6월 예상기계시간은?

제25회

① 1,800시간 ② 1,900시간 ③ 2,000시간
④ 2,100시간 ⑤ 2,200시간

톺아보기

★ 고저점법에 의하여 원가추정식($Y = a + b \times x$)에서 총원가 ₩81,000이 주어졌고 계산과정을 통해 단위당 변동원가와 고정원가가 계산되므로 원가추정식을 통해 예상기계시간(조업도)을 계산한다.
(1) 단위당 변동원가 = (₩69,000 − ₩41,000) ÷ (1,700시간 − 1,000시간) = ₩40
(2) 고정원가 = 총원가 − 변동원가 = ₩69,000 − (1,700시간 × ₩40) = ₩1,000 또는
  ₩41,000 − (1,000시간 × ₩40) = ₩1,000
(3) 총원가 = ₩1,000 + ₩40 × x = ₩81,000
∴ 예상기계시간(x) = 2,000시간

정답 | 02 ③ 03 ② 04 ③

05

(주)한국은 단위당 판매가격이 ₩1,000이고, 단위당 변동원가가 ₩700인 제품을 생산·판매하고 있다. 고정원가가 ₩450,000일 때, 손익분기점 수량은? 제25회

① 750단위
② 1,000단위
③ 1,250단위
④ 1,500단위
⑤ 1,750단위

톺아보기

손익분기점 판매량 = 고정원가 ÷ 단위당 공헌이익
손익분기점 판매량 = ₩450,000 ÷ (₩1,000 − ₩700) = 1,500단위

06

(주)한국은 단일제품을 생산·판매하고 있다. 20×1년 제품의 단위당 판매가격은 ₩100이고, 단위당 변동원가는 ₩80이며, 손익분기점 판매수량은 8,000단위이다. 20×1년에 ₩50,000의 영업이익을 얻기 위한 제품 판매수량은? (단, 기초와 기말재고자산은 없다) 제28회

① 10,000단위
② 10,500단위
③ 11,000단위
④ 11,500단위
⑤ 12,000단위

톺아보기

$$\text{목표이익 매출수량} = \frac{\text{고정원가} + \text{목표이익}}{\text{단위당 공헌이익}}$$

$$BEP_{TPQ} = \frac{FC + TP}{P - V}$$

$$10,500\text{단위} = \frac{₩160,000 + 50,000}{100 - 80}$$

$$8,000\text{단위} = \frac{FC}{₩100 - ₩80}$$

$$= \frac{₩160,000}{₩100 - ₩80}$$

07 (주)한국은 20×1년 단위당 판매가격이 ₩500이고, 단위당 변동원가가 ₩300인 단일제품을 생산·판매하고 있다. 총고정원가는 ₩600,000이고, (주)한국에 적용되는 법인세율은 20%이다. 20×1년 법인세차감후순이익 ₩40,000을 달성하기 위한 20×1년 제품 판매수량은? 제26회

① 2,500단위 ② 2,750단위
③ 3,000단위 ④ 3,250단위
⑤ 3,500단위

톺아보기

세후목표이익 달성 매출수량 = 고정원가 + 세후목표이익(1 − 세율)/단위당 공헌원가
= ₩300,000 + ₩40,000(1 − 0.2)/(₩500(단위당 가격) − ₩300(단위당 변동원가))
= 3,250단위

08 (주)한국의 손익분기점 수량이 900단위일 때, 변동비는 ₩180,000이며, 고정비가 ₩45,000이다. (주)한국이 930단위를 판매하여 달성할 수 있는 영업이익은? 제22회

① ₩500   ② ₩900
③ ₩1,100 ④ ₩1,300
⑤ ₩1,500

톺아보기

(1) 손익분기점(수량) = ₩45,000 ÷ 단위당 공헌이익 = 900단위
   ∴ 단위당 공헌이익 = ₩50
(2) 영업이익 = 공헌이익(매출액 − 변동원가) − 고정원가
   = (930단위 × ₩50) − ₩45,000 = ₩1,500

[간편법]
영업이익 = 공헌이익 − 고정원가
   = 손익분기점 초과수량 × 단위당 공헌이익
   = (930단위 − 900단위) × ₩50
   = ₩1,500

정답 | 05 ④   06 ②   07 ④   08 ⑤

09 (주)한국은 단일제품을 생산·판매하고 있으며, 20×1년 공헌이익계산서는 다음과 같다.

구분	금액	단위당 금액
매출액	₩2,000,000	₩5,000
변동비	₩1,200,000	₩3,000
공헌이익	₩800,000	₩2,000
고정비	₩600,000	
영업이익	₩200,000	

(주)한국은 현재 판매사원에게 지급하고 있는 ₩150,000의 고정급여를 20×2년부터 판매수량 단위당 ₩700을 지급하는 판매수당으로 대체하기로 하였다. 다른 모든 조건이 동일할 경우, (주)한국이 20×1년과 동일한 영업이익을 20×2년에도 달성하기 위해 판매해야 할 수량은?

제22회

① 450개
② 500개
③ 550개
④ 600개
⑤ 650개

톺아보기

20×2년 영업이익 = (매출액 − 변동원가) − 고정원가 = 공헌이익 − 고정원가
= (단위당 판매가격 − 단위당 변동원가) × 판매량(x) − 고정원가 = ₩200,000
= (₩5,000 − ₩3,000 − ₩700) × 판매량(x) − (₩600,000 − ₩150,000) = ₩200,000
∴ 판매량(x) = 500개

10

(주)한국의 20×1년 제품 생산·판매와 관련된 자료는 다음과 같다.

| • 판매량 | 20,000단위 | • 공헌이익률 | 30% |
| • 매출액 | ₩2,000,000 | • 손익분기점 판매량 | 16,000단위 |

20×2년 판매량이 20×1년보다 20% 증가한다면 영업이익의 증가액은? (단, 다른 조건은 20×1년과 동일하다)   제23회

① ₩24,000   ② ₩120,000   ③ ₩168,650
④ ₩184,000   ⑤ ₩281,250

톺아보기

영업이익의 증가액 = 매출액 × 증가율 × 공헌이익률
           = ₩2,000,000 × 0.2 × 0.3 = ₩120,000

11

(주)한국의 내년 예상손익자료는 다음과 같다. 연간 생산·판매량이 20% 증가한다면 영업이익은 얼마나 증가하는가?   제27회

| • 단위당 판매가격 | ₩2,000 | • 변동원가율 | 70% |
| • 손익분기점 판매량 | 300개 | • 연간 생산·판매량 | 400개 |

① ₩48,000   ② ₩54,000   ③ ₩56,000
④ ₩60,000   ⑤ ₩66,000

톺아보기

(1) 공헌이익 = 판매가격(₩2,000) − 변동원가(1,400)* = ₩600
  * 판매가격(₩2,000) × 변동원가율(70%)
(2) 생산·판매량 증가분 = 연간 생산·판매량(400개) × 20% 증가 = 80개 증가
(3) 영업이익 증가분 = 생산·판매량 증가분 × 공헌이익 = 80개 × 600 = ₩48,000

12

(주)한국은 당기손익분기점 매출액을 ₩250,000으로 예상하고 있으며, 고정원가는 ₩100,000이 발생할 것으로 추정하고 있다. (주)한국이 당기에 매출액의 15%에 해당하는 영업이익을 획득할 경우, 안전한계율은?   제24회

① 22.5%
② 27.5%
③ 32.5%
④ 37.5%
⑤ 42.5%

톺아보기

(1) 손익분기점 매출액 = 고정원가 ÷ 공헌이익률
                    = ₩100,000 ÷ 공헌이익률 = ₩250,000
  ∴ 공헌이익률 = 40%

(2) 목표이익 달성을 위한 매출액
    영업이익 = 공헌이익 − 고정원가 = $0.4x - ₩100,000 = 0.15x$
  ∴ x = ₩400,000

(3) 안전한계율 = 안전한계(매출액 − 손익분기점 매출액) ÷ 매출액
              = (₩400,000 − ₩250,000) ÷ ₩400,000
              = 37.5%

정답 | 12 ④

제4장 / 전부원가계산과 변동원가계산

기본서 p.478~482

01 (주)한국은 20×1년 초에 영업을 개시하고 5,000단위의 제품을 생산하여 단위당 ₩1,500에 판매하였으며, 영업활동에 관한 자료는 다음과 같다.

• 단위당 직접재료원가	₩500	• 고정제조간접원가	₩1,000,000
• 단위당 직접노무원가	₩350	• 고정판매관리비	₩700,000
• 단위당 변동제조간접원가	₩150		
• 단위당 변동판매관리비	₩100		

변동원가계산에 의한 영업이익이 전부원가계산에 의한 영업이익에 비하여 ₩300,000이 적을 경우, (주)한국의 20×1년 판매수량은? (단, 기말재공품은 존재하지 않는다)

제24회

① 1,500단위 ② 2,000단위
③ 2,500단위 ④ 3,000단위
⑤ 3,500단위

톺아보기

(1) 단위당 고정제조간접원가 = ₩1,000,000 ÷ 5,000단위 = ₩200
(2) 영업이익의 차이 = (생산량 − 판매량) × 단위당 고정제조간접원가
              = (5,000단위 − 판매량) × ₩200 = ₩300,000
∴ 판매량 = 3,500단위

정답 | 01 ⑤

(주)한국은 20×1년 1월 1일에 설립되었다. 20×1년부터 20×2년까지 제품 생산량 및 판매량은 다음과 같으며, 원가흐름은 선입선출법을 가정한다.

구분	20×1년	20×2년
생산량	8,000단위	10,000단위
판매량	7,000단위	?
총고정제조간접원가	₩1,600,000	₩1,800,000

20×2년 변동원가계산에 의한 영업이익이 전부원가계산에 의한 영업이익에 비하여 ₩20,000 많은 경우, (주)한국의 20×2년 판매수량은? (단, 재공품재고는 없다)

제25회

① 8,500단위　　　　　　② 9,000단위
③ 9,500단위　　　　　　④ 10,000단위
⑤ 11,000단위

톺아보기

20×2년도의 기초재고와 기말재고의 단위당 고정제조간접원가가 차이가 나는 경우이다.
- 20×1년 단위당 고정제조간접원가 = ₩1,600,000 ÷ 8,000단위 = ₩200
- 20×2년 단위당 고정제조간접원가 = ₩1,800,000 ÷ 10,000단위 = ₩180

(1) 변동원가계산의 영업이익 = 전부원가계산의 영업이익 + 기초재고에 포함된 고정제조간접원가 − 기말재고에 포함된 고정제조간접원가

(2) 이익차이 = (1,000단위 × ₩200) − (기말수량 × ₩180) = ₩20,000
　　∴ 기말수량 = 1,000단위

(3) 20×2년 판매수량 = 1,000단위 + 10,000단위 − 1,000단위 = 10,000단위

03

(주)한국의 20×1년 기초제품재고수량은 없고, 기말제품재고수량은 1,000단위이다. 단위당 변동제조원가는 ₩400이고, 단위당 고정제조간접원가는 ₩100이다. 20×1년 전부원가계산에 의한 영업이익은 변동원가계산에 의한 영업이익보다 얼마 더 많은가? (단, 재공품은 없다)

제26회

① ₩100,000   ② ₩200,000   ③ ₩300,000
④ ₩400,000   ⑤ ₩500,000

톺아보기

영업이익의 차이 = (기말제품수량 − 기초제품수량) × 단위당 고정제조간접원가
= (1,000단위 − 0단위) × ₩100 = ₩100,000

04

(주)한국은 20×1년 초에 설립되었다. 20×1년과 20×2년의 생산 및 판매활동은 동일한데 생산량은 500개이고, 판매량은 300개이다. 원가 및 물량흐름은 선입선출법을 적용한다. 20×2년 전부원가계산의 영업이익이 변동원가계산의 영업이익보다 ₩120,000 더 많았다. 20×2년 말 기말제품재고에 포함된 고정제조간접원가는? (단, 재공품은 없다)

제27회

① ₩210,000   ② ₩220,000   ③ ₩230,000
④ ₩240,000   ⑤ ₩250,000

톺아보기

	20×1년 제품		
기초	−	판매량	300개
생산량	500개	기말	200개

	20×2년 제품		
기초	200개	판매량	300개
생산량	500개	기말	400개

영업이익의 차이 = ₩120,000 − 0 = ₩120,000
생산량 ₩120,000 ÷ 200개 = 단위당 ₩600
기말제품재고에 포함된 고정제조간접원가 = 400개 × ₩600 = ₩240,000

정답 | 02 ④   03 ①   04 ④

05 상중하

(주)한국의 20×1년 기초제품은 없고, 당기제품생산수량은 2,000단위이다. 20×1년 단위당 변동제조간접원가는 ₩200이고, 총고정제조간접원가는 ₩600,000이다. 20×1년 전부원가계산에 의한 영업이익이 변동원가계산에 의한 영업이익보다 ₩120,000 더 많은 경우, 20×1년 제품 판매수량은? (단, 기초와 기말제공품은 없다)

제28회

① 1,400단위
② 1,500단위
③ 1,600단위
④ 1,760단위
⑤ 1,860단위

톺아보기

(1) 기말재고에 포함된 고정제조간접원가
   - 전부원가계산과 변동원가계산의 영업이익 차이는 기말재고에 포함된 고정제조간접원가와 같다. (기초재고가 없으므로)
   - 기말재고 내 고정제조간접원가: ₩120,000
(2) 단위당 고정제조간접원가
   생산량 기준으로 단위당 원가를 계산한다.
   총고정제조간접원가 ÷ 당기 생산수량 = ₩600,000 ÷ 2,000단위 = ₩300단위
(3) 기말재고수량
   기말재고에 포함된 총 고정제조간접원가를 단위당 원가로 나누어 기말재고수량을 구한다.
   ₩120,000 ÷ ₩300단위 = 400단위
(4) 제품 판매수량
   판매수량(1,600단위) = 생산수량(2,000단위) − 기말재고수량(400단위)

정답 | 05 ③

제5장 / 표준원가계산

01 다음에 설명하는 원가계산제도는?   제28회

> 원가요소별로 수량 표준과 가격 표준을 설정하여 이를 기준으로 제품의 원가계산을 하고, 차이분석을 통하여 원가를 관리 및 통제하는 제도

① 실제원가계산
② 정상원가계산
③ 활동기준원가계산
④ 품질원가계산
⑤ 표준원가계산

톺아보기

표준원가계산제도란 실제 발생한 원가 대신, 사전에 과학적이고 합리적인 방법으로 설정한 '표준원가'를 이용해 제품 원가를 계산하는 제도이다. 즉, "이 제품은 효율적으로 생산한다면 얼마에 만드는 것이 정상인가?"라는 목표(표준)를 정해 두고, 실제 발생한 원가와 비교하여 그 차이를 분석함으로써 원가를 통제하고 성과를 평가하는 관리기법이다.

정답 | 01 ⑤

02 (주)한국은 표준원가계산제도를 채택하고 있으며, 단일제품을 생산·판매하고 있다. 2분기의 예정생산량은 3,000단위였으나, 실제는 2,800단위를 생산하였다. 직접재료원가 관련 자료는 다음과 같다.

• 제품단위당 수량표준	2kg
• 직접재료 단위당 가격표준	₩300
• 실제 발생한 직접재료원가	₩1,593,000
• 직접재료원가 수량차이	₩120,000(불리)

2분기의 직접재료 실제사용량은? 제22회

① 5,600kg   ② 5,800kg
③ 6,000kg   ④ 6,200kg
⑤ 6,400kg

톺아보기

직접재료원가 수량차이 = (실제사용량 − 표준수량) × 표준가격 = ₩120,000(불리)
                    = [실제사용량 − (2,800단위 × 2kg)] × ₩300 = ₩120,000(불리)
∴ 실제사용량 = 6,000kg

03 (주)한국은 표준원가계산제도를 채택하고 있으며, 단일제품을 생산·판매하고 있다. 20×1년 직접재료원가와 관련된 표준 및 원가자료가 다음과 같을 때, 20×1년의 실제제품생산량은? (단, 가격차이 분석시점은 분리하지 않는다) 제25회

• 제품단위당 직접재료 수량표준	2kg
• 직접재료 단위당 가격표준	₩250/kg
• 실제 발생한 직접재료원가	₩150,000
• 직접재료원가 가격차이	₩25,000(불리)
• 직접재료원가 수량차이	₩25,000(유리)

① 250단위   ② 300단위
③ 350단위   ④ 400단위
⑤ 450단위

톺아보기

(1) 직접재료원가 가격차이
  = ₩150,000 − (₩250/kg × 실제수량) = ₩25,000(불리)
  ∴ 실제수량 = 500kg
(2) 직접재료원가 수량차이
  = [(500kg − (실제생산량 × 2kg)] × ₩250/kg = ₩25,000(유리)
  ∴ 실제생산량 = 300단위

04 (주)한국은 표준원가계산제도를 채택하고 있다. 직접노무원가 관련 자료가 다음과 같을 때, 직접노무원가 시간당 표준임률은? 제24회

• 표준직접노무시간	9,000시간
• 실제직접노무시간	8,600시간
• 실제발생 직접노무원가	₩3,569,000
• 능률차이	₩160,000(유리)
• 임률차이	₩129,000(불리)

① ₩380   ② ₩385
③ ₩397   ④ ₩400
⑤ ₩415

톺아보기

능률차이 = (실제시간 − 표준시간) × 표준임률
    = (8,600시간 − 9,000시간) × 표준임률(x) = ₩160,000(유리)
∴ 표준임률(x)은 ₩400이다.

정답 | 02 ③ 03 ② 04 ④

05

(주)한국은 표준원가계산제도를 도입하고 있다. 20×1년 기준조업도 900기계작업시간하에서 변동제조간접원가 예산액은 ₩153,000이며 고정제조간접원가 예산액은 ₩180,000이다. 당기의 실제 기계작업시간은 840시간, 실제 발생된 변동제조간접원가는 ₩147,000이었다. 조업도차이가 ₩10,000(불리)인 것으로 나타났다면, 변동제조간접원가 능률차이(유리)는? 제23회

① ₩1,700
② ₩2,000
③ ₩18,700
④ ₩32,400
⑤ ₩47,200

톺아보기

(1) 변동제조간접원가 표준배부율 = ₩153,000 ÷ 900시간 = ₩170
(2) 고정제조간접원가 표준배부율 = ₩180,000 ÷ 900시간 = ₩200
(3) 조업도차이는 기준조업도와 표준조업도의 차이에 표준배부율을 곱한 금액이다.
  조업도차이 = (기준조업도 − 표준조업도) × 표준배부율
       = (900시간 − 표준조업도) × ₩200 = ₩10,000(불리)
  ∴ 표준조업도 = 850시간
★ (4) 변동제조간접원가 능률차이는 실제조업도와 표준조업도의 차이에 표준배부율을 곱한 금액이다.
  변동제조간접원가 능률차이 = (실제조업도 − 표준조업도) × 표준배부율
            = (840시간 − 850시간) × ₩170 = ₩1,700(유리)

06

(주)한국의 20×1년 제조간접원가 표준 자료는 다음과 같다.

구분	수량표준	표준배부율
변동제조간접원가	2시간	₩5
고정제조간접원가	2시간	₩4

20×1년 제조간접원가의 기준조업도는 2,500 직접노무시간, 실제 발생한 직접노무시간은 2,750시간이다. 20×1년 제조간접원가의 조업도차이는 ₩2,000(불리)이었다. 제조간접원가 능률차이는? 제27회

① ₩1,250(유리)
② ₩1,250(불리)
③ ₩2,450(유리)
④ ₩2,450(불리)
⑤ ₩3,750(불리)

톺아보기

(1) 조업도차이 = (기준조업도 − 표준조업도) × 표준배부율
= (2,500시간 − 표준조업도) × ₩4 = ₩2,000(불리)
∴ 표준조업도 = 2,000시간

★ (2) 능률차이 = (실제조업도 − 표준조업도) × 표준배부율
= (2,750시간 − 2,000시간) × ₩5 = ₩3,750(불리)

07 (주)한국은 표준원가계산을 사용한다. 관련 자료가 다음과 같을 때, 고정제조간접원가 조업도차이는? (단, 재공품재고는 없다) 제26회

• 고정제조간접원가 실제발생액	₩119,700
• 제품단위당 표준기계시간	8시간
• 고정제조간접원가 예산차이	₩6,300(유리)
• 기준조업도	4,200기계시간
• 목표제품생산량	525단위
• 실제제품생산량	510단위

① ₩0　　　　　　　　　　② ₩3,240(유리)
③ ₩3,240(불리)　　　　　　④ ₩3,600(유리)
⑤ ₩3,600(불리)

톺아보기

실제발생액	<	예산액
₩119,700	[예산차이 ₩6,300(유리)]	₩126,000

(1) 예산액 = 기준조업도 × 표준배부율
= 4,200기계시간 × 표준배부율 = ₩126,000
∴ 표준배부율 = ₩30

(2) 조업도차이 = (기준조업도 − 표준조업도) × 표준배부율
= [4,200기계시간 − (510단위 × 8시간)] × ₩30 = ₩3,600(불리)

정답 | 05 ①　06 ⑤　07 ⑤

제6장 / 특수의사결정회계

기본서 p.502~507

01
(주)한국은 ₩73,500에 구입한 원재료 A를 보유하고 있으나, 현재 제품생산에 사용할 수 없다. (주)한국은 원재료 A에 대해 다음과 같은 두 가지 대안을 고려할 수 있다.

> 〈대안 1〉 원재료 A를 그대로 외부에 ₩45,600에 판매
> 〈대안 2〉 원재료 A에 ₩6,600의 다른 원재료를 혼합하여 원재료 B로 변환한 후, 외부에 ₩58,100에 판매

(주)한국이 〈대안 2〉를 선택하는 경우, 〈대안 1〉에 비하여 증가 또는 감소하는 이익은?   제22회

① ₩5,900 증가   ② ₩12,500 증가
③ ₩15,400 감소   ④ ₩22,000 감소
⑤ ₩27,900 감소

톺아보기

(1) [대안 1] ₩45,600
(2) [대안 2] ₩58,100 - ₩6,600 = ₩51,500
[대안 2]가 [대안 1]보다 ₩5,900(₩51,500 - ₩45,600)의 이익이 증가한다.

02 상중하

(주)한국은 단일제품을 생산·판매한다. 제품의 단위당 판매가격은 ₩1,000, 단위당 변동원가는 ₩500, 총고정원가는 ₩1,800,000이다. 10월 중에 700단위를 단위당 ₩600에 구입하겠다는 특별주문을 받았다. 유휴생산능력은 충분하지만 700단위를 추가생산하기 위해 초과근무수당이 단위당 ₩80씩 추가발생할 것으로 예상된다. 이 특별주문을 수락하는 것이 영업이익에 미치는 영향은? (단, 특별주문은 정규판매에 영향을 미치지 않는다) 제26회

① ₩14,000 증가 ② ₩14,000 감소
③ ₩16,000 증가 ④ ₩16,000 감소
⑤ ₩24,000 감소

톺아보기

특별주문으로 인한 증분수익과 증분원가를 비교하여 의사결정을 한다.

증분수익 ₩600 × 700개 = ₩420,000
증분원가 (₩500 + ₩80) × 700개 = (406,000)
증분이익   ₩14,000

유휴생산능력이 충분한 경우이므로 특별주문으로 인한 공헌이익의 증가분만큼 영업이익이 증가한다.
(₩600 - ₩580) × 700단위 = ₩14,000

정답 | 01 ① 02 ①

03 (주)한국은 단일제품을 생산·판매한다. 제품의 단위당 판매가격은 ₩1,000이고, 단위당 변동원가는 ₩600이며, 총고정원가는 ₩1,200,000이다. 그동안 거래가 없던 곳으로부터 제품 500단위를 단위당 ₩800에 구입하겠다는 특별주문을 받았다. 현재 유휴생산능력으로 제품 300단위를 생산할 수 있으나, 특별주문을 전량 수락하기 위해서는 정규시장 판매량을 200단위 줄여야 한다. 특별주문 전량 수락이 영업이익에 미치는 영향은? 제28회

① ₩10,000 감소   ② ₩10,000 증가
③ ₩20,000 감소   ④ ₩20,000 증가
⑤ ₩3,0000 감소

톺아보기

(1) 증분수익
 ₩800 × 500단위 = ₩400,000
(2) 증분비용
 • 변동원가: ₩600 × 500단위 = ₩300,000
 • 기회비용: ₩400 × 200단위 = ₩80,000
∴ 영업이익 ₩400,000 − ₩380,000 = ₩20,000 증가

04 (주)한국은 한 종류의 제품 X를 매월 150,000단위씩 생산·판매하고 있다. 단위당 판매가격과 변동원가는 각각 ₩75과 ₩45이며, 월 고정원가는 ₩2,000,000으로 여유 생산능력은 없다. (주)한국은 (주)대한으로부터 매월 제품 Y 10,000단위를 공급해 달라는 의뢰를 받았다. (주)한국은 제품 X의 생산라인을 이용하여 제품 Y를 즉시 생산할 수 있다. 그러나 (주)한국이 (주)대한의 주문을 받아들이기 위해서는 제품 X의 생산판매량 8,000단위를 포기해야 하고, 제품 Y를 생산·판매하면 단위당 ₩35의 변동원가가 발생한다. (주)한국이 현재의 이익을 유지하려면 이 주문에 대한 가격을 최소한 얼마로 책정해야 하는가? (단, 재고자산은 없다) 제23회

① ₩43   ② ₩59
③ ₩63   ④ ₩69
⑤ ₩73

톺아보기

(1) 증분원가와 기회비용 = ㉠ + ㉡ = ₩350,000 + ₩240,000 = ₩590,000
  ㉠ 증분원가 = ₩35 × 10,000단위 = ₩350,000
  ㉡ 기회비용 = (₩75 − ₩45) × 8,000단위 = ₩240,000
(2) 특별주문으로 인한 단위당 최소 판매가격
  (1) ÷ 특별주문수량 = ₩590,000 ÷ 10,000단위 = ₩59

---

05 20×1년 초 설립된 (주)한국은 생산된 제품을 당해 연도에 모두 판매한다. 20×1년에 제품 A 900개를 생산하여 단위당 ₩3,000의 가격으로 판매하였다. 20×1년의 제품 A의 원가구조는 다음과 같다.

• 단위당 변동제조원가	₩800	• 고정제조원가(총액)	₩800,000
• 단위당 변동판매관리비	₩600	• 고정판매관리비(총액)	₩600,000

20×2년 초 (주)한국의 경영자는 제품 A의 제조공정을 개선하려고 한다. 제조공정을 개선하면 고정제조원가는 연간 ₩317,800 증가하고, 직접노무원가는 단위당 ₩100 절감된다. 단위당 변동판매관리비와 판매가격, 고정판매관리비는 20×1년과 동일하다. 20×2년 제품 A의 영업이익을 20×1년과 동일하게 유지하기 위한 제품 A의 생산·판매수량은? (단, 재공품은 없다) 제27회

① 1,021개   ② 1,034개   ③ 1,045개
④ 1,073개   ⑤ 1,099개

톺아보기

(1) 20×1년 영업이익
  단위공헌이익 = 3,000 − 800 − 600 = 1,600
  총공헌이익 = 1,600 × 900 = 1,440,000
  고정비 합계 = 800,000 + 600,000 = 1,400,000
  영업이익 = 1,440,000 − 1,400,000 = 40,000
(2) 20×2년 변경 반영
  고정제조원가 ↑ 317,800 ⇨ 고정비 합계 = (800,000 + 317,800) + 600,000 = 1,717,800
  변동제조원가 ↓ 100 ⇨ 단위 변동제조원가 = 700
  단위공헌이익 = 3,000 − 700 − 600 = 1,700
  영업이익 동일(40,000) 조건: 1,700 × Q − 1,717,800 = 40,000
∴ 1,700Q = 1,757,800 ⇨ Q = 1,034개

정답 | 03 ④ 04 ② 05 ②

06

(주)한국의 20×1년 종합예산의 일부 자료이다.

	2월	3월	4월
매출액	₩100,000	₩200,000	₩300,000

월별 매출은 현금매출 60%와 외상매출 40%로 구성되며, 외상매출은 판매된 다음 달에 40%, 그 다음 달에 나머지가 모두 회수된다. 20×1년 4월 말 매출채권 잔액은?

제23회

① ₩48,000
② ₩56,000
③ ₩72,000
④ ₩144,000
⑤ ₩168,000

톺아보기

현금유입액이 아니라 기말매출채권 잔액을 계산하는 문제이므로 회수율에 주의하여 계산하여야 한다.
(1) 4월: ₩300,000 × 0.4 = ₩120,000
(2) 3월: ₩200,000 × 0.4 × 0.6 = ₩48,000
(3) 20×1년 4월 말 매출채권 잔액 = (1) + (2) = ₩120,000 + ₩48,000 = ₩168,000

07

(주)한국은 상품매매업을 영위하고 있다. 20×1년 3분기의 상품매입예산은 다음과 같다.

구분	7월	8월	9월
상품매입액(예산)	₩70,000	₩90,000	₩80,000

매월 상품매입은 현금매입 40%와 외상매입 60%로 이루어진다. 매입시점의 현금매입에 대해서는 2%의 할인을 받고 있다. 외상매입의 30%는 매입한 달에 지급하고, 나머지는 그 다음 달에 지급한다. 20×1년 9월의 현금지출예상액은?

제27회

① ₩78,560
② ₩79,560
③ ₩83,560
④ ₩85,560
⑤ ₩88,560

톺아보기

(1) 7월에 외상으로 매입한 것은 9월 현금지출예상액에 영향을 주지 못한다.
(2) 8월 상품매입액 ₩90,000 중 40%는 8월에 지급해야 하므로 9월 현금지출예상액에 영향을 주지 못하며, 60%에 해당하는 ₩54,000 중 70%에 해당하는 ₩37,800은 9월에 지급해야 하므로 9월의 현금지출예상액에 영향을 준다.
(3) 9월 상품매입액 ₩80,000 중 40%에 해당하는 ₩32,000은 9월에 지급해야 하는데 2%의 할인을 받아서 ₩31,360은 9월의 현금지출예상액에 영향을 준다.
  또한 60% 해당하는 ₩48,000 중 30%에 해당하는 ₩14,400은 9월의 현금지출예상액에 영향을 준다.
∴ 20×1년 9월의 현금지출예상액은 ₩37,800 + ₩31,360 + ₩14,400 = ₩83,560이다.

---

08 상중하

(주)한국은 제품 단위당 4kg의 재료를 사용하며, 재료의 kg당 가격은 ₩50이다. (주)한국은 다음 분기 재료 목표사용량의 20%를 분기 말 재료 재고로 유지하는 정책을 적용하고 있다. 3분기 목표 제품 생산수량은 5,000단위이고, 4분기 목표 제품 생산수량은 4,800단위이다. 3분기의 재료구입예산은? (단, 기초와 기말제공품은 없다)

제28회

① ₩988,000
② ₩992,000
③ ₩994,000
④ ₩1,004,000
⑤ ₩1,008,000

톺아보기

재료(3분기)			
기초(5,000단위 × 4kg × 0.2)	4,000kg	사용량(5,000단위 × 4kg)	20,000kg
구입(19,840kg × ₩50)	₩992,000	기말(4,800단위 × 4kg × 0.2)	3,840kg
	23,840kg		23,840kg

정답 | 06 ⑤ 07 ③ 08 ②

해커스 주택관리사

주택관리사 1위 해커스
한경비즈니스 선정 2020 한국품질만족도 교육(온·오프라인 주택관리사) 부문 1위 해커스

해커스 합격 선배들의 생생한 합격 후기!

전국 최고 점수로 8개월 초단기합격
해커스 커리큘럼을 똑같이 따라가면 자동으로 반복학습을 하게 되는데요. 그러면서 자신의 부족함을 캐치하고 보완할 수 있었습니다. 또한 해커스 무료 모의고사로 실전 경험을 쌓는 것이 많은 도움이 되었습니다.

전국 수석합격생
최*석 님

해커스는 교재가 **단원별로 핵심 요약정리**가 참 잘되어 있습니다. 또한 커리큘럼도 매우 좋았고, 교수님들의 강의가 제가 생각할 때는 **국보급 강의**였습니다. 교수님들이 시키는 대로, 강의가 진행되는 대로만 공부했더니 고득점이 나왔습니다. 한 2~3개월 정도만 들어보면, 여러분들도 충분히 고득점을 맞을 수 있는 실력을 갖추게 될 거라고 판단됩니다.

해커스 합격생
권*섭 님

해커스는 주택관리사 커리큘럼이 되게 잘 되어있습니다. 저같이 처음 공부하시는 분들도 입문과정, 기본과정, 심화과정, 모의고사, 마무리 특강까지 이렇게 최소 5회독 반복하시면 처음에 몰랐던 것도 알 수 있을 것입니다. 모의고사와 기출문제 풀이가 도움이 많이 되었는데, **실전 모의고사를 실제 시험 보듯이 시간을 맞춰 연습**하니 실전에서 도움이 많이 되었습니다.

해커스 합격생
전*미 님

해커스 주택관리사가 **기본 강의와 교재가 매우 잘되어 있다고 생각**했습니다. 가장 좋았던 점은 가장 기본인 기본서를 뽑고 싶습니다. 다른 학원의 기본서는 너무 어렵고 복잡했는데, 그런 부분을 다 빼고 **엑기스만 들어있어 좋았**고 교수님의 강의를 충실히 따라가니 공부하는 데 큰 어려움이 없었습니다.

해커스 합격생
김*수 님

1588.2332

house.Hackers.com

해커스 주택관리사

주택관리사 1위 해커스
한경비즈니스 선정 2020 한국품질만족도 교육(온·오프라인 주택관리사) 부문 1위 해커스

해커스 주택관리사
100% 환급 + 평생수강반

합격할 때까지 최신강의 평생 무제한 수강!

2026년까지 최종 합격하면 수강료 100% 환급

* 최종합격+수기 작성시, 제세공과금 본인부담, 교재비 환급대상 제외, 유의사항 필독

최신인강 평생 무제한 수강

* 매년 연장 미션 성공 시 1년씩 연장

최신 교재 22권 모두 제공!

기출문제집 특별 추가 제공

> 저는 해커스를 통해 공인중개사와 주택관리사 모두 합격했습니다.
> 해커스 환급반을 통해 공인중개사 합격 후 환급받았고,
> 환급받은 돈으로 해커스 주택관리사 공부를 시작해서
> 또 한번 합격할 수 있었습니다.
>
> **해커스 합격생 박*후 님**

지금 등록 시
수강료 파격 지원

최신 교재 받고
합격할 때까지 최신인강
평생 무제한 수강 ▶

*상품 구성 및 혜택은 추후 변동 가능성이 있습니다. 상품에 대한 자세한 정보는 이벤트 페이지에서 확인하실 수 있습니다.

1588.2332　　　　　　　　　　　　house.Hackers.com